中式
沟通心理学

CHINESE COMMUNICATION

李飞 / 编著

PSYCHOLOGY

沈阳出版发行集团

沈阳出版社

图书在版编目 (CIP) 数据

中式沟通心理学 / 李飞编著 . —沈阳 : 沈阳出版
社，2017. 2
ISBN 978-7-5441-8251-5

Ⅰ . ①中… Ⅱ . ①李… Ⅲ . ①人际关系 — 社会心理
学 — 通俗读物 Ⅳ . ① C912.11- 49

中国版本图书馆 CIP 数据核字（2017）第 039868 号

出版发行 : 沈阳出版发行集团 ｜ 沈阳出版社
（地址 : 沈阳市沈河区南翰林路10 号　邮编 : 110011）

网　　　址 : http://www.sycbs.com
印　　　刷 : 北京溢漾印刷有限公司
幅面尺寸 : 170mm×240mm
印　　　张 : 16
字　　　数 : 200 千字
出版时间 : 2017 年 5 月第 1 版
印刷时间 : 2017 年 5 月第 1 次印刷
选题策划 : 张晓薇
责任编辑 : 杨敏成
封面设计 : 朱晓艳
版式设计 : 点石坊工作室
责任校对 : 李　飞
责任监印 : 杨　旭

书　　　号 : ISBN 978-7-5441-8251-5
定　　　价 : 36.80 元

联系电话 : 024-24112447
E-mail : sy24112447@163.com

本书若有印装质量问题，影响阅读，请与出版社联系调换。

前言
PREFACE

将沟通简单地理解为语言交流，这实在是一个糟糕的认识。沟通的背后，是复杂的感觉系统和外界刺激之间的相互作用，心理学上的通俗说法是：沟通就是信息的传（刺激）与受（被刺激）——沟通中的一方通过一定渠道，将信息传递给另一方，并寻求反馈以达到相互接纳的过程。真正善于沟通的人，凭借的就是对于大众心理的把握，才能让别人瞬间跟着自己的节奏走。

在古典名著《西游记》中有这样一个片段：

唐长老与孙大圣闹起了别扭，孙大圣负气回了花果山。这边孙大圣刚一走，唐长老就又被妖怪捉去了。

八戒无奈之下去花果山请师兄相救，一开始那是好话说尽，可孙大圣就是无动于衷。还得说猪八戒八面玲珑，善于琢磨别人心理，眼珠子一转，计上心来。

他说："妖怪骂你胆小如鼠，你要来，就剥了你的皮，抽了你的筋，啃了你的骨头，吃了你的心！饶你猴子瘦，他也要把你剁碎着油烹！"

孙大圣果然中了老猪的激将法，当时就气得抓耳挠腮，暴跳如雷，二话不说，跟着猪八戒就去救师父去了。

好好说不行，非得"骂"他才管用，原因就在于，猪八戒编造的"骂语"对孙大圣产生了强大的心理刺激。

所以说，沟通不仅仅是语言交流，不仅仅是摆事实讲道理或者其他任何一种简单交流，沟通是一种复杂的心理刺激和融合活动。有效的沟通，就是有效的心理刺激和心理融合。良好的沟通，离不开心理学。

学习和运用沟通心理学，可以使陌生的人消除隔阂、顿生好感；可以使相识的人交情更深、爱意更浓；可以使敌对的人冰释前嫌、融洽相处。

本书是针对国人的心理特性，从广义沟通的角度着手解读沟通原理和技术，是您驾驭心理的沟通宝典、打动人心的睿语箴言，其全面系统地揭示了心理学在口才技巧中的运用，帮您掌握最能赢得人心的沟通诀窍。

本书将为您呈现一次完整的沟通活动，书中囊括了人际沟通中所有需要注意的方方面面，并给出了有效的指导方案。全书内容凝练，生动有趣，可以随时随地为您提供沟通交流和贴身指导。

目 录
CONTENTS

第一章 | **听音辨心**
CHAPTER 01 | 会说的前提是会听，此处无声胜有声

沟通是双向的，我们并不是单纯的向别人灌输自己的思想。倾听，属于有效沟通的必要部分，以求思想达成一致和感情的通畅。倾听，是了解别人心理的重要途径，为了获得良好的沟通效果，我们必须做一个聪明的倾听者。

第二章 | 观人猜心
那不经意动弹的肢体，流露着千言万语

　　我们渴望了解别人，我们需要倾听，可是我们不能仅仅只带上自己的耳朵，老天给我们眼睛绝不是仅仅只是让我们看路和分辨食物用的。事实上，当我们用心聆听别人谈话的时候，他们的姿势，他们的神态、表情，都在向我们透露大量信息。而且，因为肢体语言通常是一个人下意识的举动，所以，它很少具有欺骗性。

第三章 开言夺心
CHAPTER 03

总是那初逢的立谈之间，才让人余味延绵

　　无论是工作中、生活中，还是学习中，我们都避免不了和陌生人接触。事实上，交朋友就是一个从陌生到熟悉的过程。从某种程度上说，拒绝陌生人，就等于直接掐断了我们人脉网的延伸。然而，很多人在面对陌生人时，往往不知道如何开口，如何赢得对方好感，使交谈得以顺利继续。他们也因此失去了结交朋友，发展事业的机会。

第四章
CHAPTER 04

美言温心
赞美恰如阳春酥雨，缓缓流入人的心底

　　人总是喜欢奉承的。即使明知对方讲的是奉承话，心中还是免不了会沾沾自喜，这是人性的弱点。换句话说，一个人受到别人的夸赞，绝不会觉得厌恶，除非你说得太离谱了。鉴于此，我们何苦吝啬自己的溢美之词？不如好好地去满足人性的这种渴望。

第五章
CHAPTER 05 | **趣言悦心**
幽默是灵光乍现的惊艳，迷倒了众生一片

有人说，语言的最高境界是幽默。不管怎么说，在短短的问答中能否运用幽默、运用多少幽默，则是衡量语言高下的重要标准。拥有幽默口才会让人感觉你很风趣，有很高的文化素养和丰富的文化内涵，折射出一个人的美好心灵，这样具有魅力的人谁不喜欢呢？

第六章

CHAPTER 06 | **谏言规心**

运用之妙存乎一心，批评本身也是美文

批评是一个敏感的话题，哪怕是轻微的批评，都不会像赞扬那样使人感到舒畅。想批评人还不得罪人，这的确是很难做到的事，所以一般聪明的人都不会轻易指责别人，除非迫不得已。批评绝对是一门口才艺术，讲出别人的错误还要让别人心服口服地接受，不怨恨你，这显然是需要运用一定心理沟通技巧的。

第七章 | 巧言拨心
CHAPTER 07

所有美妙的推销，都是拨开了客户心中的插销

　　说话水平不同，得到的结果就不同。买卖不成是话没到，话语一到卖三俏。从某种意义上说，销售过程就是攻破客户心理壁垒、说服客户的过程。只有掌握客户心理，说中客户需求，撩起客户购买欲望，才有成交的希望。卓越的销售员，一句话点石成金，两句话心花怒放，三句话达成交易！可以说，好口才就是做好销售的根本。

第八章 | 妙言破心
CHAPTER 08 找到求人的突破口，人家才愿意跟着你的节奏走

我们现实生活中有太多无奈，有时你不得不去求人。求人的要义在于察言观色揣摩对方心理，选择适当话题以缩短彼此之间的距离，使自己逐渐被对方接受，随后才将话题引向自己的意图，这样才是成功之道。反之，如果打一个招呼就开始讲自己的来意，迫不及待地反复强调自己的想法是如何如何，以及帮助自己有什么好处，这样往往事与愿违。

第九章 | **热言暖心**
CHAPTER 09 | 交谈中的情感对接，少不得走了心的情真意切

　　"言为心声"，口才最重要的是要以情感人，没有感情就等于人没有生命。从表面上看，口才是用嘴巴去叙述，而实际上，是用心、用感情去和听者进行交流。在说话时，假如我们能够调动自身的激情，以情感人，那么，听者的注意力便在我们的掌控之下，我们就掌握了开启听众心灵之门的钥匙。

第十章
CHAPTER 10
千万小心
最失败的沟通是触人禁忌，一词一语都不能随心所欲

人长了嘴巴就是要说话的，但不能什么话都说。口不择言，就像机关枪扫人，一阵狂扫，只顾自己快活，不顾别人死活。如果我们说话不加检点，不顾别人心理感受，轻则伤人败兴，重则引起争执，惹怨招尤。中国有句老话："病从口入，祸从口出"，绝对是条颠扑不破的至理名言。

CHAPTER 01

听音辨心
会说的前提是会听，此处无声胜有声

　　沟通是双向的，我们并不是单纯的向别人灌输自己的思想。倾听，属于有效沟通的必要部分，以求思想达成一致和感情的通畅。倾听，是了解别人心理的重要途径，为了获得良好的沟通效果，我们必须做一个聪明的倾听者。

愿意听人讲话，别人才乐于接受你

一个真正懂得沟通心理学的人，首先必然是一个注意倾听别人说话的人。倾听别人说话表示敞开自己的心扉，坦诚地接受对方、宽容对方、体贴对方，因而才能让彼此心灵相通，获得成功与友情。

然而，很多人在与人谈话时，都会不自觉地犯这样的"错误"：总喜欢说自己的事情，结果是长篇大论、喋喋不休。完全忽略了对方是不是对我们的谈话感兴趣，这是很不明智的。正确的做法应该是让对方尽情地说话，说得越多越好。你应该学会向他提出问题，最好能让他把自己的一切都向你和盘托出，这样你们之间的距离就会越拉越近，直至成为好的朋友。

耐心倾听，抱着一种开阔的心胸，诚恳地听他充分说出自己的想法，这或许会带给你意想不到的收获。

石俊伟是一家天然食品公司的推销员。一天，他还是一如往常，把芦荟精的功能、效用告诉一位陌生的家庭主妇，对方同样没有兴趣。石俊伟自己嘀咕："今天又无功而返了。"当石俊伟正准备向对方告辞时，突然看到阳台上摆着一盆美丽的盆栽，上面种着紫色的植物。石俊伟于是请教对方说："好漂亮的盆栽啊！平常似乎很少见到。"

"确实很罕见。这种植物叫嘉德里亚，属于兰花的一种。它的美，在于那种优雅的风情。"陌生的家庭主妇从容地解释道。

"的确如此。会不会很贵呢？"石俊伟接着问道。

"很昂贵。这一盆盆栽就要 800 元呢！"家庭主妇口气当中有炫耀的成分。

"什么？ 800 元……"石俊伟故作惊讶地问道。

石俊伟心里想："芦荟精也是 800 元，大概有希望成交。"于是慢慢地把话题转入重点："每天都要浇水吗？"

"是的，每天都要很细心养育。"

"那么，这盆花也算是家中的一分子喽？"这位家庭主妇觉得石俊伟真是有心人，于是开始倾囊传授所有关于兰花的学问，而石俊伟也聚精会神地听。

过了一会儿，石俊伟很自然地把刚才心里所想的事情提出来："太太，您这么喜欢兰花，您一定对植物很有研究，您是一个高雅的人。同时您肯定也知道植物带给人类的种种好处，带给您的温馨、健康和喜悦。我们的天然食品正是从植物里提取的精华，是纯粹的绿色食品。太太，今天您就当作买一盆兰花把天然食品买下来吧！"

结果对方竟爽快地答应下来。她一边打开钱包，一边还说道："即使是我丈夫，也不愿听我唠唠叨叨讲这么多；而你却愿意听我说，甚至能够理解我这番话。希望改天再来听我谈兰花，好吗？"

这一结果出人意料，但并非在情理之外。实际上，只要你善于以话语诱导对方，你要办的事情往往会柳暗花明，甚至在你毫无思想准备的情况下骤然成功。

我们每个人说话的目的是为了表达个人的思想和意念。谁都具有想要表现自己，说出自己主张的强烈欲望，倘若有人能够满足他的自我表现欲望，则听者对说者而言，必将其引为知己而大受欢迎。

打个比方，你是一个商人，若接到顾客的投诉时，该怎么办呢？首先必须站在顾客的立场上，冷静且耐心地倾听，一直等对方把要说的话说完。训练有素的推销员戴维曾经说过："处理顾客投诉，推销员要用80%的时间来听话，用20%的时间说话。"

任何一个顾客来投诉，无论开始脾气有多大，只要我们耐心地听，鼓励他把心里的不满都发泄出来，那么，他的脾气会越来越小，直到让自己完全平静下来。只有恢复了理智，才能正确地着手处理面前的问题。而且因情绪激动而失礼的顾客冷静下来以后，必然有些后悔，这比我们迎头批评他们要有效得多。

有一位姓马的先生在他订的牛奶中发现了一小块玻璃碎片，于是前往牛奶公司投诉。不用说，他的情绪是愤怒的。一路上他已经打好腹稿，并想出了许多尖刻的词语。一到总经理办公室，他连自我介绍都省略了，把李经理伸出的友谊之手也拨向一旁，把自己的不满情绪一股脑儿地发泄出来：

"你们牛奶公司，简直是要命公司！你们都掉进钱眼里去了，为了自己多赚钱，多分奖金，把我们千百万消费者的生死置之度外……"

好在这位李经理经验丰富，面对这么强大的刺激，毫不动怒，仍旧诚恳地对他说："先生，究竟发生了什么事？请您快点告诉我，好吗？"

马先生继续激动地说："你放心，我来这里正是为了告诉你这件事的。"说完，从提袋中拿出一瓶牛奶，"砰"的一声，重重地往办公桌上一放，说："你自己看看，你们做了什么样的好事！"

李经理拿起奶瓶仔细一看，什么都明白了。他变得严肃起来，有些激动，说："这是怎么搞的，人吃下这东西是要命的！特别是老人和孩子若吃到肚子里去，后果不堪设想！"

说到这里，李经理一把拉住马先生的手，急切地问："请你赶快告诉我，家中是否有人误吞了玻璃片，或被它刺伤口腔。咱们现在马上要车送他们去医院治疗。"说着，抄起电话准备叫车。

这时候，马先生心中怒火已消了一大半，他告诉李经理说，并没有人受伤，李经理这才放下心来，掏出手帕，擦擦额头上渗出的汗珠说："哎呀！真是谢天谢地。"

接着李经理又对马先生说："我代表全公司的干部职工向您表示感谢。因为您为我们指出了工作中的一个巨大的事故隐患。我要将此事立刻向全公司通报，采取措施，今后务必杜绝此类事情再次发生。还有，您的这瓶牛奶，我们要照价赔偿。"

李经理的这番话，一下子把空气给缓和了。马先生接过那瓶奶钱的时候，气已经全消了，而且还有点内疚："经理是个这么好的人，我开始真不该给他扣那么多的帽子。"

接下去，他便开始向李经理建议，该采取什么样的措施才能避免此类事故再次发生。结果越谈越融洽，原来双方都是站在一个立场上。

李经理处理这起顾客投诉，有几点做得很好：

第一，当顾客发火时，他很冷静；

第二，用询问法鼓励顾客把真正的原因讲出来；

第三，当顾客讲清原因后，站在顾客的立场上考虑问题，当即采取措施；

最后，对顾客前来投诉表示诚挚的感谢，并就搞好工作的问题，继续听取顾客的意见。

耐心听取对方的倾诉是很重要的。一个人一分钟能听600个字，而在一分钟内只能讲120个字，所以当一方滔滔不绝地说话时，另一方有充裕的时间去考虑问题。不要在未听完对方的全部的话之前就做解释，或急于表态、下结论。

俗话说："会说的不如会听的。"是否善于听话，是一个人是否具有沟通能力的关键因素。只有会听，才能更准确地把握谈话者的意图、流露出的情绪、传播出的信息，更好地促使对方继续谈下去，达到最终的目的。所以说只有会听，才能会说。

把话听清楚，才能把事做明白

在人际交往中，听是一件十分重要的事情。古希腊先哲苏格拉底说："上天赐人以两耳两目，但只有一口，欲使其多闻、多见而少言。"听人说话，不但要认真听，而且要听明白，抓住对方说话的重点。

有的时候，说话者要说的重点内容不是很简单明了，很难听出来。这个时候，就要求听者对说话人所说的内容做重点分析，在分析之后，才能知道说话者所要表达的重点内容是哪些，从而成功地理解说话人的用意。

善于听，能听出重点是非常重要的交流方法。一个善于听话的人，总是能很顺利地找到解决问题的方法，也能够很顺利地建立和谐的人际关系。

有一次，几个好朋友一起去一所有名的大学去玩，由于这所大学非常大，为了避免少走冤枉路，这几个朋友每寻找一个地方就会向身边的人问路。

其实问路是一件非常简单的事情，回答也是一件非常简单的事情，但是如果问路的人比较多，回答的人有时就会出现忙乱。

这几个朋友走了一会儿，觉得肚子饿了，就想去食堂吃饭。这个时候，有一个朋友发现在不远处，有两个男生正在为别人指路。他们跑过去问其中的一个人说："你知道学校的东门在哪里吗？"

这个男生说出了东门的位置，因为比较复杂，听话的人没有听明白。

这个时候他放弃了这个问题，然后问："你知道第七食堂在哪里吗？"

这个男生又开始说食堂的位置，但是同样十分复杂。听者听完还是一头雾水。这个时候，旁边的那个男生说："你们是要去东门附近的食堂，还是去第七食堂吃完了再去东门呢？"

这几个朋友说："我们希望去第七食堂吃完了饭再去东门。"

这个时候，问话的男生很快地将去食堂的路线告诉了这几个朋友，然后又对他们说："你们从第七食堂出来，一直走，就能看见一个巨大的标志物，顺着这个标志物的方向走，你们就能找到东门了。"

这两个指路者，一个能很快地抓住问话人的主要意思，知道他们有两个目的地，那就是东门和第七食堂。但是，另一个指路者并没有弄清楚这两个目的地有什么样的关系。后一个指路者很快从提问人的话中抓住了这个主要的信息内容，那就是先后的关系。弄清楚先后的关系，就能很快地将明确的路线指给问路人。

人与人之间需要沟通和协作，如果一方在另一方说话的时候不能有效地听出说话的重要内容，就没有办法理解他人的意思，这样就不能做到有效的沟通。只有抓住了说话人说话的重点，才能深刻地理解说话人话语的含义，从而达成沟通的默契。

可见，在与人沟通的过程中，说非常重要，听也一样很重要，善于说话的人更要善于听，因为能够清楚地听出说话人想要说的重点，这样才能在解决问题时有效地达到自己的目的。

范宇楠是一个公司销售部的经理，有一次，他接待一个客户。这个客户虽然年纪大了，但是精神矍铄，言谈有力。在与客户谈话的过程中，范宇楠很快就知道这个客户一向喜欢运动，所以他就当即决定请这个客户去健身。但是，他还没有弄清楚客户喜欢什么样的运动。

于是范宇楠又和客户谈了几句，在谈话的过程中，客户不断地提到和别人打网球的时候发生的事，说话的时候神情十分愉快，而且他重复这类运动的次数比其他的运动项目要多得多。由此，范宇楠很快就判断出，这个客户对网球非常偏爱。

于是，在安排活动的时候，范宇楠自然就带着客户去了一家设施比较好的网球馆。客户对于这个安排非常满意，在运动结束后，他夸奖范宇楠是个非常优秀的销售经理，因为他知道别人需要什么。客户很愉快地和范宇楠的销售部建立了合作关系。范宇楠因为从客户说话的过程中知道了客户的喜好，自然就获得了客户的好感。这是建立良好关系的第一步，有了这个良好的开端，下面的合作谈起来就十分顺利了。

由此可见，在人际交往的过程中，特别是一些特定的情况下，听出说话人的说话重点是非常重要的。只有听出重点，才能建立良好的人际关系。听出重点是对别人的尊重，同时也能顺利地达到自己的目的。

俗话说："锣鼓听声，说话听音"，我们在听人说话时，理解角度要对，才能不偏不倚、把握重点，才能更准确地领会对方话语中的含义。所谓"理解的角度"，就需要你分析对方是在什么情况下说出什么样的话语，由此推断他的真正意图，而后你再去迎合或是故作不知，这需要视情况而定。

那些弦外之音，才是真实的心声

在日常生活中，我们常会听到两种内容大不相同的对话：一种是表面的话，而另一种是"弦外之音"。

"弦外之音"，才是一个人真正表达其感情或祈求的内心话，因此，如果想要获得别人的友谊，你就要懂得如何去听取对方话中的"弦外之音"。

有时候，在对话中，是很难从对方谈话的表面上去了解他的真意。这时，就必须从隐藏在对话背后的那"弦外之音"上着手探索，才能够使彼此的意思或感情沟通。

你要设法从对方的话中去了解：他到底在想什么？有什么企图？在希求些什么？对我的印象如何？……事情。

举一个例子来看看。

在一个天气暖和的上午，你坐在公园里的一张长凳上欣赏风景。

这时候，坐在离你不远的长凳上的一名男人，突然向你说："今天天气很好啊！天上一片云彩也没有。"

如果是照他这句话的表面来想，他只是向你叙述天气的状况；可是实际上，它还隐藏着许多的意义。

首先，他表示他很想和你谈话。其次是，由于他怕你不愿意和他这么一名素不相识的人对话，所以，就借这句话来试探你的反应。

如果他一开口就问你："你是从事哪一方面的工作？""你有几个小孩？""请问贵姓？"……这一类的问题，万一你不理他的话，他不是会感到尴尬吗？所以，他就借叙述天气而和你攀谈。

这么一来，你可能会回答："是啊！天气真的太好了！如果早知道天气会这么好，我就不穿这一件大衣出来了。"

如果照你这句话表面的意思去想，它只不过是表示：因为你没有料想到天气会那么好，所以穿了大衣出来到公园散步，现在却觉得穿大衣是多此一举的事情了。

不过，事实上，你说这一句话，还隐藏了这样的意思：你也想和他聊一聊。

接下去，如果他又说："可是，穿出来也不错啊！你这一件名贵的大衣很漂亮！"

他的话，除了说那一件大衣漂亮这表面上的意思之外，还有一个"弦外之音"，也就是：他要让你晓得，他知道那是一件名贵的大衣；而且你能够穿那样的大衣，一定是一位很有身份的人。

这又表示：他有意讨好你。其目的是，想和你继续谈话。

为了能够敏感地听懂别人言外之意，所以必须养成这样的习惯：当你听别人在说话，或者是你在和别人对谈时，你要自问："他为什么要这么说？""他那句话中的弦外之音是什么？"

如果对方是在炫耀他那光荣的过去，这时候你就要留心了，因为此时他心里正在期待着你的夸奖，所以，只要是认为值得或应该夸奖的，你就不妨夸奖他一下。当对方在显示他的博学或机智的时候也是一样，你也应该夸奖他，这样，我相信，你一定能够获得他的好感。

同时，你也要懂得如何听出讥讽、嘲笑、挖苦等言外之意。对方之所以会向你说这种话，一定是因为对你感到不满才会这样的。遇到这种情况时，你不要立刻反驳或一味生气，就当作没有听到好了，免得和对方发生不必要的冲突，那就不太好了。不过，事后最好能自我检讨一下，为什么别人会讥讽你？你本身是否有什么缺点？或者是无意中得罪了人家，才会引起别人对你的怨恨，而以讥讽你去消除他心中的怨恨呢？

当你晓得了其中的原因之后，能够及时改善自己的行为，那么，虽然你受到别人的讥讽，也可以说是"因祸得福"了。

如果你能够做到以上所说的那些，我们相信，你会愈来愈觉得对话是一种很有趣的享受。

心细的人，听说话就能知人性情

人们大部分的交流都是通过语言，通过一个人的言谈话语，我们能够看出关于他性格上的一些东西。我们大致可以将人分为九种类型。

1. 说话温柔的人

说话温柔的人一般性格柔弱，不争强好胜，权力欲望平淡，与世无争，不轻易得罪人。他们的缺点是意志软弱、胆小怕事、底气不足、怕麻烦，对人对事采取逃避态度。如果能磨炼胆气、知难而进、勇敢果决而不退缩，就能改正自己的缺点，就能获得不小的成就。

2. 讲话平缓的人

讲话平缓的人通常性格优雅，为人宽厚仁慈。他们的缺点是反应不够敏捷果断、转念不快，属于细心思考的人，有恪守传统、思想保守的倾向。如能让自己变得更加果断，对新生事物持公正而非排斥的态度，性情就会变得从容平和，给人一种成熟稳重的良好印象。

3. 说话快、词汇丰富的人

这种人大多有着广博的知识，言辞激烈而尖锐，对人情世故理解得深刻而精当，但由于人情事理的复杂性，又可能形成条理层次模糊混沌的思想。这种人有一定的能力，做力所能及的工作，完全可以让人放心。一旦超出能力范围就显得慌乱，无所适从。这种人反应很快，接受新生事物的能力强。

4. 百事通

这种人似乎什么都懂，知识面宽，随意漫谈，经常也能旁征博引，各门各类都可指点一二，显得知识渊博、学问高深。但实际上这种人脑子里装的东西太多，系统性差，思想性不够，一旦面对问题，可能抓不住要领。这种人的缺点在于他能想出很多主意，但都答不到点子上去。如果能学会深刻地分析问题，直接把握实质，会成为优秀的、博而且精的全才，取得耀眼的成就。

5. 仗义执言的人

这种人通常会在言辞之间表现出仗义执言、公正无私的精神，他们大多不屈不挠、原则性强、是非分明、立场坚定。缺点是处理问题不善变通，为原则所驱而显得非常固执。由于这种人比较公正，因此在很多事情和场合中能主持公道，往往受人尊敬。

6. 夸夸其谈之人

这种人喜欢胡吹海捧，看起来懂得很多，他们一般不大理会细节问题，琐屑小事从不挂在心上。这种人的优点是考虑问题宏博广远，善于从宏观、整体上把握事物，大局观良好，往往在侃侃而谈中产生奇思妙想，发前人之所未发，富有创见和启迪性。但是他们的缺点也不少，他们一般不太谦虚，虽然知识、阅历、经验都广博，但没有非常深入，属于博而不精的一类人。另外，理论缺乏系统性和条理性，阐述问题不能细致深入，由于不重视细节，导致做事情总是破绽百出，给后来的灾祸埋下隐患。

7. 满口新词、新理论的人

这种人满口新词、新理论，对新生事物接受能力强，一旦学到新鲜言辞就能在日常生活中运用，而且有跃跃欲试、不吐不快的冲动。他们的缺点是没有主见，不能独立面对困难并解决，容易反复不定，左右徘徊，比较软弱。这种人如能沉下心来认真研究问题，提高自己，锻炼心智，很容易成为工作中的优秀人才。

8. 寻找弱点攻击对方言论的人

这种人通常气量比较小，不能宽容地对待别人。他们言辞锋锐，抓住对方弱点就严厉反击，不给对方回旋的机会。他们分析问题透彻，看问题往往一针见血，甚至有些尖刻。由于他们一直致力于寻找和攻击对方弱点，可能忽略了从宏观、总体上把握问题的实质与关键，有的时候甚至舍本逐末，这样容易导致他们钻牛角尖。

9. 热衷于标新立异的人

生活中，这种人总是喜欢特立独行，引领风尚。他们一般独立思维好，好奇心强，敢于向权威说不，敢于向传统挑战，开拓性强。他们的缺点是不够冷静思考，做事情容易偏激，不被世人理解，成为寂寞英雄。但是他们的想象力丰富，可以利用一些奇思妙想做一些创新性的事。

揣摩语速音调，可微观他人心理

每个人说话都有自己的特色，语速不同，音调也不同。由此，我们对声音的发出者也产生了不同的印象。

固然，言谈的内容是表现的主体，但言谈的速度、语调、抑扬顿挫，以及润饰等，也能够影响谈话内容的效果。经由这些因素，我们往往在无意中表现出所谓的言外之意。而听者也会设法通过这些因素来试图理解对方的心思。言谈可以平铺直叙，也可以带有弦外之音，只要我们能够仔细捉摸，把握语速和语调，便不难看出其端倪，了解说话人真正的意图。

1. 从言谈的速度上把握对方的心理

通常情况下，当言谈速度比平常缓慢时，表示不满对方，或对对方怀有敌意。相反，当言谈的速度比平常快速时，表示自己有所隐瞒或者做错了什么事，心里愧疚，言谈内容就会有虚假的嫌疑。

根据心理学的分析，这种情形是因为，当一个人的内心有不安或恐惧情绪时，言谈速度便会变快。用比较快的速度讲述不必要的多余事情，这是在试图排解隐藏于内心深处的恐惧。但是，由于没有足够的时间让他理清思路，所谈话题就不免内容空洞。出现这种情况的人，我们不难发现其心里不安状态。

职场中，如果你是一位管理人员，你的员工如果语音上有这种反常行动，说明他可能做错了事情或者有所隐瞒，一定要引起密切的注意。

2. 从言谈的音调中可了解对方的心理

一位音乐家曾经说过："当一个人想反驳对方意见时，最简单的方法就是拉开嗓门提高音调。"的确如此，人总是希望借着提高音调来壮大声势，并谋略压倒对方。

音调与说话的速度一样，都可以呈现说话人的性格特征。音调高的声音，是幼儿期的附属品，为创造性的表现形态之一。通常情况下，年龄越大，音调会随之相对地降低。随着一个人心理上的逐渐成熟，他慢慢就具有了抑制"创造性"情绪的能力。

但在现实生活中，有些成人音调确实是相当高的。这种人的心理，便是倒回幼儿期阶段了，这样的人无法抑制创造性的表现，出现这样的情况，他们也绝对无法接受别人的意见。

语调的抑扬顿挫，对一个人的外在表现非常重要，平铺直叙的人讲话毫无特色，不能吸引人；而讲话抑扬顿挫的人，则会把事情描绘得有声有色。

3. 从言谈的韵律了解对方的心理

除了音速和音调之外，语言本身的韵律在言谈方式中也是重要的因素。研究一个人的言谈韵律可以看出一个人的性格特征。通常情况下，说话比较缓慢的人，大都是性格沉稳之人，他处世做人是通常所说的慢性子。

缺乏自信的人，或性格软弱的人，讲话的韵律则慢慢吞吞；充满自信的人，谈话的韵律为肯定语气。还有这样的现象，有人在讲一半话之后说："不要告诉别人……"然后继续悄悄说话。此种情况多半是秘密谈论他人闲话或缺点，但实际上他们内心里却又希望全天下人都知道。

讲话冗长，一件简单的事情须相当时间才能告一段落，这种情况说明谈论者心中必潜藏着唯恐被打断话题的不安。也只有这种人，才会以盛气凌人的方式谈个不休，他们其实希望尽快结束话题交谈，但这种人有害怕受到反驳的心理，所以试图给予对方没有结果的错觉。另外，经常滔滔不绝谈个不休的人，一方面好表现自己，一方面目中无人，这种类型的人以性格外向的居多。

一般说来，内心诚信的人，说话声音清脆而且韵律清晰，这是心胸坦然的表现；内心不诚实的人，说话声音支支吾吾，不成韵律，这是心虚的表现；内心宽宏柔和的人，说话语调温和如水，好比细水之流，舒缓有致；内心卑鄙乖张的人心怀鬼胎，因此声音阴阳怪气，听起来不免觉得刺耳。

一个成功的政治家和企业家，大多善于演讲，他们在控制言谈的速度、音调和韵律方面都有独到之处。细节决定成败，他们从平时的讲话到接受采访，都会注意让谈话富有情趣，这让他们赢得了下属或社会的认可与尊重。

通过人的话语能够探知其性格，所以我们平时要注意观察一些异常情况。有些人平日能言善辩，但有时候忽然结结巴巴地说不出话来。还有些人平时讲话木讷不得要领，却突然滔滔不绝地高谈阔论。遇到这种情况，我们应小心谨慎，这种反常的表现告诉我们他们的内心肯定起了什么变化，需要我们谨慎对待。

解读口头禅，可见对方内心世界

很多人说话时常常在无意之中高频度地使用某些词语，形成了人们所谓的"口头禅"，而这些语言习惯最能体现说话人的真实心理和个性特点。因此，只要留心，就可以从一个人的"口头禅"中窥见一个人的内心世界。

喜欢运用流行词汇的人热衷于随大流，比较夸张。这样的人独立意识不强，而且没有自己的主见，容易随波逐流。

喜欢运用外来语言和外语的人爱卖弄和夸耀自己，虚荣心非常强。

喜欢使用方言，并且还底气十足、理直气壮的人，自信心很强，富有独特的个性。

喜欢使用"这个""那个""啊"等词语的人说话办事都比较谨慎小心。这样的人就是我们所说的好好先生，他们对人对事都非常温和，决不会随便生气。

喜欢使用"最后怎么样怎么样"之类词汇的人，大多潜在欲望没有得到满足。

喜欢使用"确实如此"的人多浅薄无知，自己却浑然不知，还常常自以为是。经常使用"我"之类词汇的人，不是代表着软弱无能、总想求助于别人，就是虚荣浮夸，寻找各种机会表现自己，希望自身能够引人注目。

喜欢运用"其实"的人，表现欲较为强烈，希望能引起他人的注意。他们的性格大多任性倔强，而且非常自负。

喜欢使用"真的"之类强调词汇的人，大多缺乏自信，害怕自己所说的话无人相信。遗憾的是，他们这样再三强调，反而会更加引起别人的疑心。

喜欢使用"你必须""你应该"等命令式词语的人，多专制、固执、骄横，有强烈的领导欲望，并且永不满足。

喜欢使用"你看""我觉得"之类词汇的人，一般较和蔼亲切，待人接物时也能做到客观理智，冷静地思考，认真地分析，然后做出正确的判断和决定。他们不会独断专行，能够给予别人足够的尊重，同样也会得到别人的尊重和爱戴。

喜欢使用"我要""我想""我不知道"的人，大多思想单纯，爱意气用事，情绪不是十分稳定，会让人琢磨不定。

喜欢使用"绝对"这个词语的人，做事十分草率，容易主观臆断，他们不是太缺乏自知之明，就是自我意识太强烈了，让别人很难接近。这种喜欢说"绝对"的人，大多有一种自爱的倾向，有时他们的"绝对"被人驳倒之后，为了隐瞒自己内心的不安，总要找一些理由来加以解释，总想让自己的东西被人接受。其实，别人不相信他们的绝对，他们自己也不相信这样的"绝对"，只不过是为了维护自己所谓的尊严而强撑着。

而另外一些口头语出现频率极高的人，大多做事情犹豫不决，意志软弱。一些人说话时没有口头语，这并不代表他们从未有过，可能以前有，但后来逐渐地改掉了，这表现出一个人意志坚强，说话非常简洁明了。

如果想要从口头语言上更多地了解一个人，从而非常自如地驾驭你的对手，那么你就要在与对手打交道的过程中多花费点心思，仔细认真地揣摩，时时刻刻地回味分析。用不了多长时间，你就能迅速地从口头语言上了解你的对手。最为重要的是，每一次了解的过程都能够让你一眼就看透，切中要害。

听人说话，切忌自以为是的想当然

　　听话需要我们用客观的态度来对待，把别人的话听准，不要带着个人的主观意识来倾听，只有站在别人的角度上倾听，才能确保自己所得到的信息是比较客观的，也才能确保行动不会出错。

　　话需要客观地听，就如同说话需要从客观的角度来阐述一样。但是很多人之所以误听就是因为在倾听的时候融入了个人的主观意识，附加了个人的主观色彩，所以听到的信息就不准确了。

　　但事实上，一个人很难做到不被自己的感情所左右，倾听的时候也是如此。曹操的本性就在听话的时候也表现得淋漓尽致，他总会在听到的只言片语中分析个人的得失，把听到的话附上主观色彩，因此才导致他误杀了好人。造成这种后果的最直接原因就是错听，在听话的时候带着个人主观色彩，以至于产生了误解。

　　在生活中这种错听的例子很多，我们难保自己不会带着主观色彩去听话，从自己听到的只言片语中就开始分析、揣摩别人话中的意思。这是非常不明智的行为，而且如果自知听到的信息是不全面、不正确的，还要依照自己的判断去行动，那么结果很可能是无法收拾的。

办公室里的办事员吴海洋，一天到晚都想着如何巴结上司，好混个办公室副主任来当当。

功夫不负有心人，吴海洋终于逮到了一个千载难逢的机会。这天，上司点名让吴海洋陪他到外地出差。吴海洋私下里就有了想法：这是上司对我的信任。他不禁受宠若惊，同时又暗暗下了决心：一定要好好表现一下，把握住这次巴结上司的机会。

傍晚时分，吴海洋和上司到了外地，住进了一家宾馆。吴海洋早早地为上司准备了全功能瑞士军刀、电动剃须刀、名牌摩丝等外出生活用品。对于吴海洋的精心照顾、考虑周全，上司非常满意。上司拍着吴海洋的肩膀说："吴海洋心挺细的嘛，好好干，有前途。"吴海洋听到上司的赞赏不禁得意起来，他觉得办公室副主任的位置已经在向他招手了。

吴海洋在回宾馆的时候看到上司住的房间屋门是虚掩的，于是走近了准备敲门进去汇报一下自己的思想，却在这个时候听到房间里传出上司的声音，原来上司正在打电话。吴海洋隐约中听到了上司最关键的一句话："想去海南旅游。"

吴海洋心想一定要满足上司的这个愿望，给他一个意外的惊喜。为此，吴海洋暗中让宾馆帮他预订了两张去海南的飞机票，并擅自更改了返回单位的日期。

等到会议结束，到了预订返回的日子时，吴海洋喜滋滋地掏出两张飞往海南的机票递到上司面前。"这是什么？"上司一脸诧异，然后脸色立刻就阴沉了，"为什么要改变行程？谁让你这么干的？"

面对上司的斥责，吴海洋觉得很委屈。他支吾地说："局长，您不是在宾馆打电话时说很想去海南旅游吗？所以，我就帮您安排了这次旅游……"

"你胡说。谁说我想去海南旅游了？我那是给家里打电话呢，我儿子一直想独自去海南旅游，我不同意。"

吴海洋顿时傻了眼，一心想巴结上司结果因为听错了话，又擅作主张更改返回单位的日期被上司狠狠地斥责了。这下不仅耽误了上司的工作，而且还因为办错了事情，给上司留下了非常不好的印象。他似乎又看到了办公室副主任的位置在向自己挥手，不过这次是向他挥手告别。

吴海洋的失算源于他的错听，他带着个人主观色彩填补了自己没有听清的部分。一心想巴结上司的思想让他失去了判断力，结果导致自己错听，而且又按照这种错误的信息办错了事，触怒了领导。

生活中不乏像吴海洋这样的人，他们因为没有听准别人的话，或者是带着自己的主观色彩来听，所以误听、错听了还不自知，结果也可想而知。

生活中，由于主观意识作祟，人们常犯先入为主的错误。譬如，在习惯了某一种说法以后，在听到和这个说法相反的说法时，自然会对相反的说法产生怀疑，即使这个新的说法是正确的。这种错误很不利于人们之间的交往，在日常的人际交往中应尽量避免犯这种错误。

让对方多说，你才能"善解人意"

虽然从对方的行为态度中可以辨别出他的心意，但是看透对方的方法，最主要的还是让对方多说话，凡是善解人意的能手，都是借着相互间的交谈来透视对方。

现代心理学，对于这个道理早已做了彻底的、有系统的分析。不过追本溯源，最先持有这个见解的人，当推 2300 年前的韩非子。

对此，韩非子认为：如果要听取对方的意见，应该以轻松的态度来交谈，我们可从旁引导，让对方有多开口说话的机会，对方肯说出他的意见，我们就能根据他的意见，去分析透视他的心意。

无论是怎样的话题，都应该让对方尽量去发挥，无论内容是否真实，我们都可引来作为判断的资料，资料愈多，我们的判断就愈正确。但是，这样做并不是叫你一句话也不说，只默默地去听对方说话，因为过分的沉默，会使对方不好意思继续说下去。我们的目的，在于要让对方痛痛快快地把话说出来，了解对方的心意，因此必要时，我们应想法把对方诱导到知无不言，言无不尽的境地。

韩非子还说："不要使对方因为你的话而不能接着说下去。因此，我们开口发言时应多加斟酌。"每一个人都喜欢叙述有关自己的事，都想美化自己，也都想让对方相信自己的叙述；另一方面，每一个人又想探知别人的秘密，并且都想及早转告别人。这种现象，也许可以说是人的本性。"一吐为快"的心理，有时候会受到某种因素的限制，不敢大胆地说，遇到这种情况，我们应该想办法解除限制，这样，对方就会自动地说出心意了，这就是所谓的"善解人意"。

偶尔听到部属结结巴巴向上司汇报事情的时候，如果上司很不耐烦地说："好了好了！不要结结巴巴的，有什么话赶快说。"那这位上司，真可以说是比封建时代的君主还要专制！

假如对方因为某种因素而说不出话时，你应该想办法去帮助他，使他很自然地说清楚才对。

表示赞同对方的行为，也是"善解人意"的一种方法。像别人对我们表示赞同一样，有时我们也应该适当地向人表示赞同。但这种表示赞同的行动，不宜太快或太慢，因为过与不及都会使对方认为你是虚伪的。

真正巧妙地表示赞同的方法，就是要了解对方说话的内容和趋向，然后从多方面协助他（就像向导一般地为他开路），使他的谈话能够流畅，最好在他做结论时，你就可以向他表示赞同。

"唔""对""有道理"……这类口头语，不宜多用。有时故意质问或做轻微的反驳，也可激起对方的兴趣，使他滔滔不绝地说下去。

但是，真正会说话的人，在交谈中，不仅仅要求对方能畅所欲言，同时他自己在暗中还要把持着领导的地位；这也就是说，他一方面表示赞同，一方面适当地加以询问，然后把对方引导到预期的话题来。他不会让对方发觉整个交谈过程都是由他操纵的。

有一位在新闻界很有名的记者，他的文章虽然不怎么样，但是他的采访能力非常强，不管遇到什么难题，只要他去采访，对方就不得不说出真话来。据这位记者表示："这并没有什么秘诀，只要能够充分了解对方的立场，把握好提问的方法，并配合自己的精力和耐力，再难的对手，我也不怕。"有一次，他这样说：

"老实说，我只是站在伴奏者的立场来演出，只要伴奏得法，不善于唱歌的人也能唱得很好。"

所谓"诱导询问"，是指询问者预先设好一个结论，然后再引导对方到这预期的结论上来。可是善于听话的人并不这样，他似乎只是在无意中把对方诱导到自己喜欢听的话题来。这二者之间，好像没有什么区别，事实上，他们的目的和方法却完全不同。

CHAPTER 02

观人猜心

那不经意动弹的肢体，流露着千言万语

我们渴望了解别人，我们需要倾听，可是我们不能仅仅只带上自己的耳朵，老天给我们眼睛绝不是仅仅只是让我们看路和分辨食物用的。事实上，当我们用心聆听别人谈话的时候，他们的姿势，他们的神态、表情，都在向我们透露大量信息。而且，因为肢体语言通常是一个人下意识的举动，所以，它很少具有欺骗性。

细观眉头，可知对方沟通时的心情

人类眉毛的功能，无疑是表示心情的变化。过去曾有人认为它们主要的功用是防止汗水和雨水滴进眼睛里，就像位于前底部的两道承溜似的。眉毛是有这种功能，但更重要的还是与表情有关。每当人的心情改变，眉毛的形状也会跟着改变。

眉毛的变化丰富多彩，心理学家指出，眉毛可有二十多种动态，分别表示不同心态。

与眉毛相关的动作主要有：

1. 双眉上扬，表示非常欣喜或极度惊讶。

2. 单眉上扬，表示不理解、有疑问。

3. 皱起眉头，要么是对方陷入困境，要么是拒绝、不赞成。

4. 眉毛迅速上下活动，说明心情愉快，内心赞同或对你表示亲切。

5. 眉毛倒竖、眉角下拉，说明对方极端愤怒或异常气恼。

6. 眉毛的完全抬高表示"难以置信"。

7. 半抬高表示"大吃一惊"。

8. 正常表示"不做评论"。

9. 半放低表示"大惑不解"。

10. 全部降下表示"怒不可遏"。

11. 眉头紧锁，表示这是个内心忧虑或犹豫不决的人。

12. 眉梢上扬，表示是个喜形于色的人。

13. 眉心舒展，表明某人心情坦然，愉快。

细观眼睛，可直视对方谈话时的内心活动

人们常说，眼睛是心灵的窗户。透过一个人的眼睛，我们能够读懂他的内心，即便只是静止着的双眼，也在透露性格的秘密。由此，我们可以知道眼睛在阅人识人方面的重要地位，可以说，眼睛就是写在脸上的心。

有时候我们会说，这个人的眼睛会说话，这种人属于眼睛比较灵动的类型。而事实上，经过一定的学习，无论是什么人，我们都能通过他的眼神知道他心里正在打什么主意，正在想的是什么。

当一个人用从上到下或者从下到上的眼光扫视对方的时候，表示对对方的轻蔑和审视。当一个女人对男人表示好感的时候，她会通过眼睛说出嘴上不能说出的话，就是睁大她充满活力的眼睛。当一个女人表示拒绝的时候，她就会用轻蔑嘲笑的眼神、愤怒的眼神，来表示她嘴上不愿说出的情感。

当与对方进行谈话的时候，如果对方移开目光直视远处或者目光游移不定，这表示他根本不关心你说什么；如果对方的眼光充满灰暗时，说明对方可能有不顺心的事或发生了什么意外的事情；如果对方的眼睛突然明亮起来，则表示你的话触动了他的心灵，激起了他的兴趣。如果对方瞪着你不放，嘴里却不由自主地说："哎，事到如今，听天由命吧！"这种态度表示自己的谎言即将被揭穿时，不由自主地显示出一种故作镇定的姿态。

挤眼睛是用一只眼睛向对方使眼色，这需要两人间有一定的默契程度，它所传达的信息是："你和我此刻站在同一条战线上，任何其他人都

不知道我们的秘密。"在社交场合中，两个朋友间挤眼睛，是表示他们对某项主题有共同的感受或看法，比场合中的其他人都接近。这种动作包含两人间存有不为外人知道的默契，会使其他人产生被疏远的感觉。因此，在社交场合，这种举动都被一些重礼貌的人视为失态。

斜眼瞟人是一种偷偷地看人一眼又不愿被发觉的动作，它传达的是羞怯腼腆的信息。这种动作的潜台词是："我太害怕，不敢正视你，但又忍不住地想看你。"

眨眼有很多说法。超眨的动作单纯而夸张，眨的速度较慢，幅度却较大。这种动作的语言是："我不敢相信我的眼睛，所以要大大地眨一下，确定我所看到的是事实。"睫毛振动时，眼睛迅速开闭，是种卖弄花哨的夸张动作，好像在说："你可不能欺骗我哦！"

目光炯炯望人时，上睫毛极力往上抬，几乎与下垂的眉毛重合，这是在传达某种惊怒的表情，这种表情通常是令人难忘的。

眼睛往上吊，这种动作暗示此人心里藏着不可告人的秘密，喜欢有意识地夸大事实。通常这种人的性格消极，不敢正视对方。

眼睛往下垂，这个动作有两种解读：一是轻蔑对方，一是不关心对方的情形。这种动作的发出者一般个性冷静，本质上只为自己设想，是任性的人。

我们和上司打交道时，也可以通过对其眼睛的观察来洞悉其内心的一切：上司的目光锐利，表情不变，似利剑要把下属看穿，这是一种权力、冷漠无情和优越感的显示，同时也在向下属示意：你别想欺骗我，我能看透你的心思；上司说话时不抬头、不看人，这是一种不良征兆，说明他轻视下属，认为此人无能；上司久久地盯住下属看，说明他对下级的印象尚不完整，他在等待更多的信息；上司友好和坦率地看着下属，说明下属很有能力、讨他喜欢，两个人在工作上有了一定的默契；上司向窗外凝视，不时微微点头，这是非常糟糕的信号，它表示上司不管下属说什么、想什么，他都充耳不闻，他要下属完全服从他。

细观鼻子，可揣摩对方交谈时的心理变化

人的五官中，鼻子和耳朵是最缺乏活动的部位，因此，很难从观察鼻子的动作读出对方的心理，人们对于鼻子高低、大小等形状或种类所象征的性格，虽然有各种的说法，但那些究竟只是指固定不动的鼻子而言，却忽略了鼻子也有捉摸不定的动作，诸位不妨从读心技术的立场，注意鼻子的动静，试着读出对方的心。

1. 鼻孔胀起时

在谈话中对方的鼻孔稍微胀大时，多半表示对您所说有所反应不满，或情感有所抑制。通常人鼻孔胀大是表现愤怒或者恐惧，因为在兴奋或紧张的状态中，呼吸和心律跳动会加速，所以会产生鼻孔扩大的现象，因此，人在极度地高兴、愤怒之时往往表现得"呼吸很急促"。这说明其精神正处在一种亢奋状态。

至于对方鼻孔有扩大的变化，究竟是因为得意而意气昂扬？或是因为抑制不满及愤怒的情绪所致？这就要从谈话对象的其他各种反应来判断了。

2. 鼻头冒汗

有时这只是个人生理上的毛病。但平日没有这种毛病的人，一旦鼻头冒出汗珠时，应该就是对方心理焦躁或紧张的表现。如果对方是重要的交

易对手时，必然是急于达成协议，无论如何一定要完成这个交易的情绪表现。因为他唯恐交易一旦失败，自己便招致极大的不利，因此心情焦急紧张，而陷入一种高度紧张的状态，以至鼻头发汗。

而且，紧张时并非仅有鼻头会冒汗，有时腋下、手心等处也会有冒冷汗的现象。没有利害关系的对方，产生这种状态时，要不是他心有愧意，受良心苛责，就是为隐瞒某个秘密产生了紧张。

3. 鼻子的颜色

鼻子的颜色并不常发生变化；但是如果鼻子整个泛白，就显示对方的内心有所恐惧。如果对方与自己无利害关系，多半是他踌躇、犹豫的心情所致。例如：交易时不知是否应提出条件，或打算借款又由于有某种顾虑而犹豫不决。

有时，这类情况也会出现在向女子提出爱情的告白却惨遭拒绝、自尊心受到伤害、又无从发泄时。此外心中困惑、有点罪恶感、尴尬不安时，鼻子也会泛白。

上述的鼻子动作或表情极为少见，而平常人更不会去注意这些变化，但如想读出对方心理，就必须详加注意他鼻子的动作、颜色和目光的动向等，因为它可以帮助您做出正确的判断。

细观双手，可体察对方交流时的心理状态

俗话说："十指连心。"手指的变化与人心的变化是相映成趣的。善于观察的人，能够从十指的姿势了解人物的性格和心态。

伸手时五指全部分开者，此人性格开朗，乐观轻松，不易患"七情"内伤病症；伸手时不自觉分开拇指者，性格自负倔强而雅量不足。

伸手时不自觉打开食指者，凡事喜欢独立行动，从无依赖心，不易与人相处；伸手时不自觉打开无名指者，有外和内紧的心理，对外人和蔼可亲，对家庭缺乏体谅。

伸手时五指并拢者，做事有理有条、小心谨慎，计划性强，但过于细心，要求别人亦高，做不到时易自寻烦恼；伸手时整只手缩卷，具有滴水不漏的精神，做事小心、生活俭仆、精打细算、从不吃亏；伸手时小拇指常分开者，性格不太合群。

对方掌心向上伸给你：应酬对象心理懦弱而且缺乏个性。你可能很容易支配他而不会引起他的反感；对方掌心向下伸给你：应酬对象有高人一等的心理表示。小心！他有支配你、控制你的企图。

对方手掌向你直伸：应酬对象有平等待你之心，你们可以成为一对平等的朋友。对方用双手握住你的手：应酬对象心理上想留给你一个热情的印象。如果你们交往时间不长，要警惕他的动机。

对方用手握住你的指尖：应酬对象心理缺乏自信或冷淡。你必须在今后的交往中打破这种距离感。对方握手的手潮湿：如果没有外界原因（如：刚接触过水），那么，他在心理上一定十分紧张。

我们都知道一个人向你伸出大拇指是在赞扬你；如果他对自己伸出大拇指，他是在向你表明："我有力量！我没问题！我会胜利！"而一个人如果对你伸出小指，那便是一种最明白不过的污辱，他在心理上向你示威。

动作手势是一种独立而有效的符号语言，它能加强语言的力量，丰富语言的色调。你要去调处纠纷，你的头部是对方集中观察的主要目标之一，所以说，做好头部动作尤为重要。你可以用点头和摇头的动作，表示你对他的观点的赞许或反对。比如，你可以伸出你的大拇指，表示对某个问题、某个人的肯定性评价；也可以两手抱成圆形，表示"包围"或"团结起来"的象征含义等。你伸出一只手，用另一只手扳倒一个指头，表示"第一"，再扳倒一个，表示"第二"等。你玩弄一下手中的铅笔，用指头轻轻敲击几下桌面，用手指梳拢一下头发，或者整整衣襟、拍拍脑袋等，往往被用来在一些令人紧张的情境中协调气氛。你的动作手势，也可以起到弥补有声语言不足的作用，增加有色语言的分量。比如，心情愉快时，往往会不自觉地把两手举在空中挥动；心情悲苦时，忍不住会抱头弯腰，使身体呈圆缩形；当愤怒时，不免要举拳猛击。

有人总结，常见的手势，有上举、下压和平移三大类；各类又分双手、单手两种；每种又分为拳式、掌式、屈肘翻腕式等。手向上、向前、向内，往往表达希望、成功、肯定等积极意义的内容；手向下、向后、向外则往往表达批评、蔑视、否定等消极意义的内容。如空中劈掌表示"坚决果断"；手掌微摇，表示"蔑视"或"无所谓"；双手向前摊开，表示"无可奈何"；举起拳头从上劈下，表示愤慨或决心等。

双手插兜露出两拇指：他有傲慢的心理反应，这类人作为应酬对象必须在气势上压倒他；来回擦掌：心理表现为不安，不知所措，焦急；十指交错两手互钳：好机会，快去安慰他，他现在非常沮丧。

两手相对成尖塔：这类人自信心相当足。如果你不认识他，他极可能是高阶层的白领人士。双臂交叉胸前：他在心理上拒绝接受你，而且对你始终保持着一种戒备的态度。

另外：

用手搔头，表示尴尬、为难、不好意思。

用手托住额头，表示害羞、困惑、为难。

双手叉搓，说明对方陷入为难急躁状态之中。

双手摊开，表示真诚、坦然或无可奈何。

双手叉腰，说明对方的挑战、示威或感到自豪。

双手插在口袋里，表明内心紧张，对将要发生的事没有把握。

双手插在胸前，表明胸有成竹，对将要发生的事有思想准备。

握手有力，表明此人热情、好动、兴奋或好自我表现。

握手无力，表明此人个性懦弱、缺乏气魄，或者是傲慢、冷淡、矜持。

说话时喜欢玩弄身边的小东西，表明其内心紧张不安。

交谈中用手指做小幅度的动作，表明其对你的提议不感兴趣、不耐烦或持反对态度。

心理处于焦虑不安时，一些人习惯将一只手放在桌上或沙发扶手上，不停地轻轻地弹手指；一些人则习惯用手指搓捻纸条或烟蒂；有些年轻女性则喜欢用手绞手绢。

面临某一选择而处于犹豫不决或不知所措的心理状态时，一些人会不知不觉地用手搔脖子；一些人则会用手搔后脑勺。

当人们对某件事情充满渴望和期待的心理时，常常会情不自禁地摩拳擦掌。

这样的动作，很可能预示着他在说谎

西方社会流行着这样一句谚语："当真理还在穿鞋的时候，谎言已跑出很远了。"就连莎士比亚也曾发出感慨："上帝啊上帝，这个世界为什么这样喜欢说谎呢！"事实就是这样，不管你愿不愿意面对，我们的现实生活中早已充斥着大量的谎言，我们无法回避它们，就必须每天去面对、去听、去看、去感觉，去破译。

1. 手揉眼睛未必是眼里进了沙

纯洁天真的小孩子如果不愿意或不敢看某些事物，他们就会把眼睛紧紧闭上，又或者用小手遮住自己的眼睛。而成年人圆于世故，不会再把内心想法那么明显地表现出来，他们会将"手遮眼睛"演化为"手揉眼睛"。

当成年人撒谎时，他们也会用揉眼睛这种方式来遮掩。心理学家研究发现，说谎的人往往不敢直视别人的眼睛，因此，打算说谎或正在说谎的人往往会用手摩擦眼睛的动作来下意识地去挡住自己不自然的眼神。这个动作有男女之分，男人会用力地揉眼睛，为的是在说谎时避免目光与对方的视线接触；女人多半是轻轻摸一下眼睑的下方，她们担心把眼睛周围的妆弄坏了。

如果这个谎说的比较大，那他们在摩擦眼睛的同时还常常会将眼神转向别处。避免眼神直接接触对方，这是最典型的欺骗表情。当一个人撒谎时，他的潜意识里害怕你用眼神看穿他的心思，因为他，心虚。

比如我们常看的警匪片中，警察在审讯犯人时，犯人一般在回答问题时总会时不时地揉揉眼睛，同时低下头或是将脸转向一旁，这是因为他们在撒谎狡辩，他们之所以如此是为了躲避警察审视的目光。

当然，我们也不能因为一个人说话时揉眼睛，就完全断定他是在撒谎，因为如果一个人的眼睛不舒服，他也会不由自主地去摩擦眼睛。这就需要我们细心观察，比如看他的眼睛是否泛红，看他的表情是否痛苦。千万不要犯教条主义，把所有揉眼睛的动作都看作是撒谎，这样会很容易产生误会。

总而言之，任何微表情解码都不是绝对的，应该根据当时当地的情形来判断对方的动作代表的意思，不可过于迷信理论，武断判断。到底是眼病还是心病，这要先观察、再判断，最后定论。

2. 下意识手遮嘴巴，是怕说出真话

如果小孩子不小心说出了他不想说出的话，他马上会用手捂住嘴巴，然后很不好意思地笑一下。成年以后，人们控制自己手部动作的能力有所增长，即使撒了谎，也不会那么明显地去捂住嘴巴，但他们可能用其他方式偷偷地来"捂嘴"，比如：

（1）在说话时假装咳嗽，然后用手捂嘴；

（2）在说话时假装打呵欠，然后用手捂嘴；

（3）说出某句话时忽然同时捂住嘴，然后迅速放开，左右看看假装若无其事；

（4）在说话时用手托住下巴或腮帮，同时几根手指半遮住嘴巴；

（5）在说话时，把手握成拳头放在嘴角。

不管以何种方式下意识地遮住嘴巴，它都可能在传达这样的意思——"我差点把大实话说了出来"、"不能让他看出我在说谎"。

心理学家告诉我们，在和别人交谈时，如果对方突然遮上嘴巴，那么大多是因为说了谎，他正试图通过捂住自己的嘴巴来掩饰自己说出那些谎话，或遮挡说谎的痕迹。为了自然起见，有些人还会在遮上嘴巴的时候假装咳嗽来掩饰。

用手遮住嘴巴就如同把食指竖立在嘴唇前跟别人说"嘘"的手势一样，都是一种表示不要把不该说的说出口的意思。如果你在和对方聊天时，对方下意识地遮上了嘴巴，你就要仔细揣摩话里的深意了，也许对方正在对你说谎呢。

3. 手摸鼻子不一定就是鼻子痒

《木偶奇遇记》是19世纪意大利作家留给世人的经典童话故事；"一旦撒谎，鼻子就会变长"——这是故事主人公木偶匹诺曹鼻子的一大突出特点。虽然是艺术夸张，但科学家发现，其中还真蕴含着很多科学道理。

美国芝加哥嗅觉与味觉治疗与研究基金会的科学家们经过研究发现，当人们撒谎时，身体里会释放出一种叫作"儿茶酚胺"的化学物质，而这种物质会引起鼻腔内的细胞肿胀，使鼻子略增大，同时感到有轻微的刺痒感，于是人们就会不由自主地去触摸它，以缓解那种不适的感觉。

触摸鼻子的手势一般是用手在鼻子的下沿很快地摩擦几下，有时甚至只是略微轻触，几乎令人难以察觉。女人在做这个手势时比男人的动作幅度更小，或许是为了避免弄花脸上的妆容。

这是一个在生活中经常出现的动作，我们不能仅仅因为这个动作就断定对方一定在说谎，有时候对方做出这个动作可能只是闻到异味、花粉过敏、感冒鼻塞，或者因被眼镜框压迫而感到不舒服。所以我们还需结合其他说谎迹象来进行解读。一般来说，要区分撒谎和真正的鼻子发痒。前者只是轻轻地触碰，而后者则会使劲地擤鼻子。

而且，虽然撒谎的确是引发触摸鼻子这一手势的原因。但同样，当一个人处在不安、焦虑或者愤怒的情绪之中时，他的鼻腔血管也会膨胀，也会出现触摸鼻子的情况。

所以，这是一个有用的鉴定对方是否在说谎的辅助手段，而不是一个完全判定的手段。借助这个手段时，要记住这样一个规则：单纯的鼻子发痒往往只会引发人们反复摩擦鼻子这个单一的手势，而和人们整个对话的内容、频率和节奏没有任何关联；但如果这之间存在某种联系，你就必须对他的谈话内容加以警惕了。

假笑，是沟通时常用的一种迷惑手段

　　微笑有着神奇的魔力，可以拉近人们之间的距离，让陌生的两人在瞬间变成朋友。除此之外，微笑还有着特别重要的作用。科学研究证实，人微笑的次数越多，对方相信他的可能性就越大，因此为了掩饰自己，有些人极其善于利用微笑的魔力，他们通常在说谎时堆满假笑。发现假笑并不难，因为只有嘴部周围有限的肌肉参与了这个动作，那些看起来有点过度放松的，一般不是真实的高兴。你还可以看看正在笑的那张嘴，看是否可以看见牙齿。真正的笑容会显露出一点牙齿，而虚假的笑容就不会。在真实的笑容中，嘴部会有更多的肌肉参与进来。

　　另外，一般真实微笑的持续时间在 2 秒到 4 秒之间，如果一个人的微笑持续时间超过 6 秒，他的笑肯定不是发自内心的！科学研究还发现，如果是假笑，我们的左脑和右脑都希望我们的笑容看起来显得更加真实，但是控制面部表情的神经元大都集中在右半脑的大脑皮层中，而这部分大脑只能向我们的左半身发送指令。因此，在我们自我意识的控制下，我们左侧脸庞和右侧脸庞的表情并不完全相同，左侧脸部的笑容会比右侧脸部的笑容更加明显。而如果是发自内心的微笑，左右两侧的笑容就不会有区别了。通俗一点说，一般而言，人在假笑时，习惯用右手的人，左嘴角挑得更高，而"左撇子"会在假笑时把右嘴角挑得更高！

　　这就需要大家有所注意，虽然微笑具有传染力，但是同时微笑也可以被人为制造出来，也就是说微笑有真笑和假笑之分。当看见有人在冲我们微笑时，我们大都会有一种满足感，而从来不会去思考笑容的真假。而在微笑的感染下，人们常常会放松戒备，而那些爱撒谎的人则常常钻这些空子，在撒谎的时候用微笑来遮掩，为了不让假笑以假乱真，我们必须培养自己识别假笑的能力。

"抓耳挠腮" 往往并不是因为身体痒

在交谈时，有人常常用右手的食指搔搔耳垂的下方，或用手搔搔脖梗，这又是一种什么信号呢？有人对此做过研究，结果表明，这是一种表示怀疑和犹豫的人体信号。当你向某人提出一个问题，而他又一时拿不出确切的答案或主意时，他往往不是搔搔耳背，就是搔搔脖梗。观察证券市场中炒股的股民，其在决定做多还是做空，吃进哪种股票时，大多数人都面对大盘闪闪烁烁的公司名称和股价犹犹豫豫左右观望，同时手里不是挠挠耳朵就是搔搔脖子。尤其在前段做亏了的小散户更是难下决心。在这种"最后的斗争"方向的抉择中，真可谓焦急万分抓耳挠腮。一位女股民在其临决断的前一分钟竟一下连一下搔着自己的脖梗。由此可见，当人们被迫做出一项重要决定之前，往往犹豫不决，或是我们常说的抓耳挠腮。而这种抓耳挠腮的动作正好向人们暗示了他犹豫不定的心理状态。

更进一步的研究表明，搔脖劲儿也是一种"怀疑"信号。当我们对某事产生疑虑时，往往会无意识地去搔搔脖劲儿。应该提出注意的是，讲话时，如果讲话者总是用手搔脖梗，这就说明他对要讲的内容没有十分肯定的把握。因此，对他此时的讲话内容我们需要慎重考虑，决不可轻信。

对于搔脖梗的行为有人做过专门的研究，并得出一个有趣儿的结论：一般人只搔 5 次，几乎不少于 5 次，也很少多于 5 次。如果你对此产生怀疑，可以亲自体验一下，看看这一结论是否能被证实。

搓手有时并不单单是为了给自己取暖

人们搓搓手，除了由于寒冷要御寒，或准备干某事表示精神振作跃跃欲试外，还显示了什么样的内心思想情感呢？

经过周密的观察和反复的研究，科学家们发现，搓手掌往往是人们用来表示对某一事情结局的一种急切期待心理，也就是说，当人们对某事的未来结果有一定成功的把握，或是期待着成功的结果，或者在一种不知如何是好而且又急切盼望尽快知道其结果的情况下，手掌所流露出来的一种期望信号。比如，掷骰子的人在手中摩搓骰子是期待取胜，也是他对胜利充满信心的无声暗示；在运动会上，跳高或跳远运动员在起跑之前，习惯先搓搓手掌，以示期待成功；一个推销员神气活现地走进经理办公室，搓搓手掌，并喜笑颜开地对经理说："经理，咱们又搞到一笔好生意！"这也暗示出推销员对这笔生意的期待。然而，有时人们遇到难题，心急如火，不知所措时也时常搓搓手掌。在这种情况下，搓手掌表现了他的内心对事情结局的渴望和期待。

人们还发现，不仅搓手掌的动作具有一定的心理表现力，而且，人们搓手掌时的速度也有很多奥妙之处。更确切地说，一个人搓手掌速度的快慢将会暴露出两种不同的思想态度，同时对他人也会产生两种截然不同的影响。如你找一个朋友办事，如果在交谈此事中他快速搓动两下手，你有理由感到欣慰；而他如果在说话时慢慢搓动手掌，则前景不太乐观。

老于世故的某些推销员在给顾客介绍产品时，有时边讲边迅速地搓几下手掌，其目的是企图使顾客对他的产品打消疑虑。而当顾客快速地搓搓手掌并说："好，先让我看看货吧！"这就证明他八成有意订货了。对推销员来说，这是一个十分有利的信号。如果顾客慢慢地搓搓手掌，或者干脆将双手握起来，这就证明他八成无意订货，对推销员来说，当然这是一种令人失望的信号。

对方环抱双臂，其实暗藏着大量信息

大约在十年前，美国国内出现一种名叫"团体接触"的集体心理治疗术，而且迅即广泛地在各地流行开来。

团体接触疗法最重要的目标乃是将隐藏在内心极深处的症结，运用心理学上的技巧，使其完全倾吐出来。由于这也属于心理疗法，所以也由精神病医生主持。通常聚集起来的人数，大约在十人左右。

接受治疗的人们，大多是互不相识的陌生人，他们直到最后都不能很顺畅地彼此间进行交流，因此，主持治疗的医生必须运用各种方法去诱导，其中一个方法就是触摸。

触摸的方法是：将每个人的双眼蒙住，互相触摸，然后一起进入游泳池里，再互相去触摸。这样一来，相互间的交流迅速地扩大，进而能够逐渐地发展到彼此心灵深处的交流。这就是集体接触心理疗法。

人类在本质上，都属于与生俱来的感性动物，每个人都有对"亲密性"的热切要求。由于人类天生就有这种个性和需求，因此，在所谓的对"亲密性"的欲求之中，当然也包括了对"自我亲密性"的感情在内。我们可以简单地把自我亲密性叫作"自我触摸"。

双臂交叉的动作，也是属于自我亲密性心理的表现症状之一。

那么，双臂交叉具有什么含义呢？

在很多演讲场合中，我注意到有许多双手交叉在胸前的听众。这个动作可以解释成许多不同的含意。

首先，这个动作也许表明演讲一点也不精彩，也就是说，这部分听众的自我亲密性的潜意识作用，他们在自我本身的周围，用双臂交叉的动作，形成一座围墙，将演讲者所说的话，一概隔在这道围墙之外。

然而，也可能是另外一种原因，他们重视演讲者所说的话，想截收每一句话，不让一字一句遗漏，所以才将双手交叉于胸前。

对于身体语言的理论来说，叉手的真正含意是什么，至今仍是难解释的现象之一。但是，有一个演讲者做了一个很有意思的实验，却可以对这个动作做出清楚的解释。

这个演讲者想：那些叉手的听众可能是由于我的演说不够精彩，我是不受欢迎的。一次演讲时，这个演讲者面对着台下的听众，将双臂交叉在胸前，然后略微提高了说话的声音。结果，他收到了预期的效果——台下的听众中所有交叉双臂的动作都没有了。因为他的叉臂和高声演说，向那些原来交叉双手的听众，传达出一个很明确的信息表示：作为演讲者，我在讲台上看到你们交叉双臂，觉得这样很不礼貌，我很不高兴。大概是他传达出的信息起到了作用，讲台下的听众觉察到了讲演者的不满，而纠正了自己的做法。

所以，我们不仅要了解对方在身体语言上隐藏的意义，更需要在某些场合中，运用这种知识，发起凌厉的攻击，击倒对方的心理。这是了解身体语言的一个重要作用。

握手的刹那，是感知对方的大好时机

通过握手，可以了解他人的心理状态，这是众所周知的。如果一面同对方握手，一面用眼睛注视着对方的面孔的人，在心理上有着较强的优势，是一种不大容易妥协的人。

女性若一边握手，一边注视，是她有意引起对方注意，以获取对方对自己的好感。

握手时，软弱无力，表现出完全被动的姿态的人，缺乏坚强的个性，遇事可能优柔寡断。

绵软地和别人握手，则表现为——后发制人，遇事让三分。

过分殷勤地同对方握手，表现出这个人目的性很强，会奉承巴结人。如果用谦卑的神情一再同对方握手，表明这个人怀有某种目的，因为握手不过是一种礼节性接触，过分看重这种接触，就是弦外有音了。

用右手拉住对方的一只手，再把左手握在上面，用这种方式，可以表达信任和亲密的感情。

用力握手是一种显示力量的表现。见面时用力握住对方手的人，一般主动性较强，性格外向，爽快，办事讲究效率。但有时容易急躁。

同他握手时也会不知不觉地加了把力气。这种互动的力量，表明你对同对方的相识，感到很兴奋，希望能继续同他交往。所以，从对方握手的力量感上，也能表明交往的诚意和信任的程度。

握手时，手心出汗的人，大多数属神经类型，这部分人情绪容易激动，内心不易平衡，比较敏感。

如果在和对方握手时发现对方的手心有汗，表明对方的情绪高涨，也可以说是内心失去平稳的象征。

有些女性看起来冷若冰霜，但有位男性在握她的手时，发现她的手心在出汗，这表明握住她手的男性引起了她的某种兴奋。

握手是一个再简单不过的动作，但就在握手的那一刹那，他的姿势就会告诉你，他是一个怎么样的人。

1. 无精打采的人握手时的手指头软弱无力，手也握得不紧，常是悲观、犹豫不决而看问题不太确切的人。

2. 大力士的人出手猛烈，握时用劲，活像一把老虎钳，非等对方有畏缩或表示激动之意时，才肯罢手，这是一种喜欢以体力标榜自己的人。

3. 踌躇的人无法决定自己要不要跟人家握手。当对方断定他不会握手，而把手缩进口袋里时，他又突然把手伸出来，等对方伸手过去。这是一种凡事皆表踌躇，缺乏判断力的人。

4. 保守的人握手时，手臂不但伸长，肘的弯度呈直角，手背贴近身子，充分显示出谨慎与保守的个性。

5. 强迫的人从来不放过与人握手的机会。不论何时何地，总不问亲疏地先伸出手来与对方握手。此一强迫性的握手动作，正反映出他内心的不安与自卑。

6. 敷衍的人视握手为应付公事。握手仅把手指头伸向别人，毫无诚意可言。这是一种做事草率的人。

7. 粗犷的人握手时的动作比较粗犷，而且对所握的手还不停地摇晃，这是一种意志坚定、秉性刚强的人。

8. 说教的人先向对方握手，表示好感。然后开始宣传攻势，不达目的，决不放手。这是一种机会主义者，善于利用别人来达到自己的目的。

9. 握手时，紧抓对方手掌，大力挤握，令对方痛楚难忍的人，精力充沛，自信心强，为人则偏于独断专行，但组织力及领导才能都很突出。

10. 握手时力度适可，动作稳重，双目注视对方的人个性坚毅坦率，有责任感而且可靠、思想缜密、擅于推理，经常能为人提供建设性的意见。每当困难出现时，总是能迅速地提出可行的应付方法，很得他人的信赖。

11. 握手时只轻柔地触握的人随和豁达，绝不偏执，颇有游戏人间的洒脱，谦和从众。

12. 握手时习惯双手握住对方的手的人热诚温厚，心地良善，对朋友最能推心置腹，喜怒形于色而爱憎分明。

13. 握手时握持对方久久不放的人情感丰富，性喜结交朋友，一旦建立友谊，则忠诚不渝。

14. 握手时只用手指抓握住对方而掌心不与对方接触的人个性平和而敏感，情绪易激动。不过，心地善良而富有同情心。

15. 握手时紧抓对方，不断上下摇动的人极度乐观，对人生充满希望。他们以积极热诚而成为受人爱戴倾慕的对象。

16. 有些人从不愿意与人握手，他们个性内向羞怯，保守但却真挚。

CHAPTER 03

开言夺心
总是那初逢的立谈之间，才让人余味延绵

无论是工作中、生活中，还是学习中，我们都避免不了和陌生人接触。事实上，交朋友就是一个从陌生到熟悉的过程。从某种程度上说，拒绝陌生人，就等于直接掐断了我们人脉网的延伸。然而，很多人在面对陌生人时，往往不知道如何开口，如何赢得对方好感，使交谈得以顺利继续。他们也因此失去了结交朋友，发展事业的机会。

射箭要看靶子，说话要看听众

我们说话时一定要看清对象、因人而异，这是说话的基本要求。我们知道，世界上根本没有完全相同的两个人。出于性别、教养层次、性格、地域、文化背景的不同，人与人之间的差异有时大得惊人，不同对象对于同一句话的反应，很有可能会大相径庭。所以，若是不懂得看人说话，效果一定会大打折扣。

大体上说，我们在与不同人群对话时，应注意以下几个方面：

1. 看性别说话

俄罗斯有一句谚语："男人靠眼睛来爱，女人靠耳朵来爱。"性别不同，对言辞的接受程度也是有差别的。

在社交场合、会议间隙、公益活动中，人们礼节性地寒暄过后，往往喜欢三五成群地聚在一起交谈。而这"三个"、"五个"，又总是按性别组合——男士与男士侃，女士与女士谈。如果细心，我们会发现这样一种情况：男士的话题大而广，女士的话题小而狭。一般说来，男士爱谈的是时事、政治、法律、体育、文化、社会问题、经济动向等；而女士爱谈的则是孩子、丈夫、日常经济、消费心得、风流艳闻等。

在接受程度上，一般说来，男士较能承受率直、干脆、粗放、量重的话语；女士则喜欢委婉、轻柔、细腻、量轻的话语。

所以我们在说话时，必须依据性别选择说话内容，努力使自己的言辞吻合接受者的性别需求。

2. 看教养层次说话

教养是指接受对象的一般文化和品德水准，包括文化程度、知识积累、生活阅历、涵养气度等。教养层次不同，对言辞的接受程度也有不同。有些话说出来，甲听得懂，理解得了，乙可能就听不懂，理解不了。

例如，作家丁玲的小说《太阳照在桑干河上》中的人物——工作组组长文采的演讲，就是没有区分接受对象的教养层次和实际需求，而致使"言者谆谆，听者藐藐"。所以，我们在进行言辞表达时，务必要认清接受对象教养层次如何，盲目表达不仅达不到说话的目的，甚至会弄巧成拙，贻笑大方。

3. 看性格说话

人各有其情，各有其性。言辞表达的内容与方式必须因人而异，符合接受对象的脾气、性格，才有可能产生"同声相应，同气相求"的效果。

性格外向的人易于"喜形于色"，性格内向的人多半"沉默寡言"。同性格外向的人谈话，你可以侃侃而谈，同性格内向的人谈话，则应注意循循善诱。

两千多年前，孔子就注意针对学生的不同性格来回答他的问题。有一次，孔子的学生仲由问："听到了，就去干吗？"孔子回答说："不能。"另一个学生冉求也问："听到了，就去干吗？"孔子说："干吧！"公西华听了有些疑惑，就问孔子："两个人问题相同，而你的回答却相反。我有点儿糊涂，想来请教。"孔子答："求也退，故进之；由也兼人，故退之。"（意思是，冉求平时做事好退缩，所以给他壮胆；仲由好胜，胆大勇为，所以我要劝阻他）

可见，孔子诲人亦不是千篇一律，而是因人而异，尤其注意学生的性格特征。我们在日常生活中，在参加社交活动，亦应在这方面多留点心眼。

4. 看地域说话

地域指的是接受对象所处的地理位置，包括国别、省别、族别等。不同的地域有不同的地域文化，彼此在认识、观念、习惯、风俗上都有区别，对说话者言辞的接受就会有所不同。说话者在进行言辞表达时，应当认清接受对象的地域性，才会产生良好的交际效果。

《尹文子·大道》讲了这么一件事：

郑国人把未经加工处理的玉叫作"璞"，东周人把还没有腌制成干的老鼠叫作"璞"。郑国的一个商人在东周做买卖，一个东周人问他："你要不要买璞？"郑国商人说："我正想买。"于是东周人从怀里掏出一只老鼠递上，郑国商人赶快辞谢不要。东周人在作言辞表达时，没有认清其接受对象是郑国人，所以买卖不能成功。

因地域不同而产生的表达差别，甚至在同一个民族、同一个省区的不同位置，也有表现。比如都是汉族，居于中国大陆者与居于中国台湾者，对同一个概念的表达与接受就不一样：接班人—传人，计划生育—家庭计划，大学新生—新鲜人，好莱坞—荷里活，撒切尔—柴契尔，新西兰—纽西兰，立体声—身历声，表演—作秀，渔民—讨海人……又如同贵州人，对西红柿，贵阳人叫毛辣角，遵义人叫番茄，兴义人叫酸角，独山人叫毛秀才。说话者如果不区分这些地域上的差别，说话目的就难以实现。有些严重的差异，如不分清，甚至还会对说话者产生严重的后果。

5. 看文化背景说话

随着社交范围不断扩大，我们的交际对象逐渐延伸到不同国家、不同民族、不同地区、不同阶层，若想适应交际的广泛性，就要考虑不同文化背景下的说话特点，使我们说出来的话与特定的文化背景协调一致。

以交际场合的称呼语为例。英美人习惯称已婚妇女为"夫人"，未婚女子为"小姐"，在比较严肃的场合，一般统称为"女士"。如果错称已婚者为"小姐"，在比较严肃的场合一般会被谅解：因为，西方女性认为这是一个"令人愉快的错误"。但是，在日本妇女一般不称"女士"、"小姐"，而称"先生"，如"中岛京子先生"。

再比如，我们常说"炎黄子孙"，这对港台同胞、海外侨胞很恰当，但对国内兄弟民族说"大家都是炎黄子孙"，人家就不同意，蒙古族人会说："我是乌桓的子孙。"

在西方，你对一姑娘说："小姐，你长得很漂亮！"她听了格外高兴；而在我国，如果跟年轻姑娘说这句话，对方说不定会大为恼火。显然，说话不考虑文化背景也是不得体的。

说话应情应景，避免彼此尴尬

常言道"到什么山上唱什么歌"，我们说话时必须要注意场合。不看场合，信口开河，想到什么就说什么，只能说是一种拙劣的表现。

但凡会说话的人，必然懂得利用社会文化背景，即社会场合来渗透表达自己的想法，而且往往能够收到不俗的效果。相反，那些不会说话的人则往往看不出眉眼高低，不懂得应情应景，往往是话一出口便破坏气氛，甚至将自己与对方一下进入了尴尬境地。

这里就有一个不懂利用场合说话的反例：

一位老教师退休，为此，学校专门为他和另一位曾多次荣获"先进"的老同志，举行了一个欢送会。与会领导对二人多年的工作及为人，给予了高度评价，不过相比之下，那位曾多次荣获"先进"的老同志，得到的赞词要略多一些。

当轮到退休同志致答谢辞时，二人对大家的赞誉作了深情的感谢。一时间，会场内充满了令人动情的温馨气氛。话若能说到此为止，显然是非常圆满的。然而，那位老教师并未就此打住，却因人们对另一位"先进"的赞扬而大发感慨："说到先进，很遗憾，我从来也没有得过一次……"

话犹未尽，坐在他对面的、平日与他相处得不很融洽的一位青年教师突然抢过话头："不，那是我们不好，不是你不配当先进，是怪我们没有提你的名。"话语中带着一种不肯饶人而又让人难堪的"刺"，冷不防，老教师的眼角眉梢被"刺"出了一股感伤的表情，一时间会场中出现了一种怏怏不快的尴尬气氛。

一位领导见势不对，马上接过话茬，想将气氛缓和一下。照理说，这时，他应避开"先进"这个敏感的话题，转而谈论其他。然而，他却反反复复劝慰那位退休老教师，叫他对"先进"的问题不要在意，说没有评过先进，并不等于不够先进，先进不仅在名义，更要看事实。如此等等，一席话，等于是把本应避而不谈的话题作了重复和引申，使本已尴尬的局面变得更为尴尬。

大家看，这就是"懂场合"与"不懂场合"的巨大反差。场合上的话，说得好，就会像周南一样，赢得一片掌声；说得不好，则会将融洽气氛破坏殆尽，乃至成为众人眼中的"乌鸦嘴"。

那么，我们该怎样才能在不同场合做出合适的发言呢？大家可以遵循以下几种"计巧"和原则：

1. 多角度切入。某些场合的变化是出人意料的，如果应对不好，就会使自己陷于某种困境。这就要求说话者必须善于变换切入角度，灵活应对和驾驭各种局面。

2. 利用歧义。利用特定场合，造成情境歧义。

鲁迅在厦门大学任教期间，校方曾召开一次专门会议，无端削减一半经费，此举遭到了与会人员的强烈反对。校长林文庆非但不予理睬，反而阴阳怪气地说："关于这件事，不能听你们的。学校的经费是有钱人付出来的，只有有钱人，才有发言权！"话音一落，鲁迅立即从口袋中摸出两个银币，"叭"的一声"拍"在桌子上，铿锵有力地说："我有钱，我有发言权！"打了林文庆一个措手不及。

其实，鲁迅所讲的"有钱"与林文庆的"有钱"完全是两个概念，二者语意上相差甚远，而鲁迅则巧妙利用交际环境造成的歧义，给林文庆当头棒喝，压下了他的气焰，打乱了他的阵脚，实现了当众讲话的特定目的。

3. 利用情境的微妙关系，话不明说，暗藏玄机，使双方心领神会，从而实现交际目的。

二战期间，英国首相丘吉尔到华盛顿会见美国总统罗斯福，劝说美国共同抗击德国法西斯。在华盛顿，丘吉尔受到热情接待，并被安排住进了白宫。

一天早晨，丘吉尔正躺在浴盆中抽着他的特大号雪茄。突然，美国总统罗斯福推门进来，丘吉尔大腹便便，肚子露出水面，这两个世界大国的领导人在此刻会面，确实非常尴尬。而丘吉尔扔掉烟头，利用这种特殊的情境以幽默的口吻说："总统先生，我这个英国首相在您面前可真没有一点隐瞒。"说完，两人哈哈大笑。

丘吉尔正是用言此意彼的手法，既解除了当时的窘态，又借此向罗斯福袒露联合抗击德国法西斯的诚意，增进了会谈时双方的相互了解与信任，促进了这次谈判的成功。

生活中，总会出现一些令人意想不到的事情。这是因为交际双方是一种积极地参与，而非刻板、机械的迎合，所以交际情景也会不断地发生变化。面对变化着的情景，尤其是仓促而至的窘境，需要我们调动一切可以调动的语言表达手段，以达到自己想要达到的交际目的。

懂得察言观色，善于看人下菜

在古代，有很多走街串巷、替人占卜算卦的江湖术士，为了使他人相信自己能够"窥得天机"，往往会先为你测上一卦，将你近期的喜怒哀乐、顺与不顺，测得个"八九不离十"。你别说，有时测得还真准！难道他们真的如此神通广大？

答案显然是否定的。对于江湖术士而言，算卦是他们的衣食保障，为了使自己不至于饿死街头，他们必须要苦苦研习占卜之术，这其中首先要精通的就是"察言观色"。例如，当他们看到你眉宇间暗隐愁云，便可由此推测出你近来事有不顺；观察你的举止、言谈、配饰等，便可推测出你是富是贫。如此，你已先信他几分，而后再依据你的心理，说些你爱听的或是吓唬你的话，又岂愁你不乖乖就范，心甘情愿的奉上银两。那些道行颇深的占卜师则更是深谙此道，他们深知对什么人该说什么话，一张嘴能说得你如坠云里雾里，虔诚地将其视为"半仙"、"天师"。或许，这也正是占卜之术时至今日仍然经久不衰的原因所在吧。

当然，我们无须以占卜谋生，但这种"察言观色"的本领，我们则是不能不学的。俗话说："出门观天色，进门看脸色"。观天色，可以由天色推知阴晴雨雪，以便携带雨具，免受日晒雨淋；看脸色，则可以由交际对象的表情得知对方的情绪，以此来决定攀谈的内容或是否与之攀谈。

有位记者去某足球队采访，一进门，发现休息室气氛沉闷，教练铁青着脸，双眼圆睁。队员们耷拉着脑袋，垂头丧气。他赶紧退了出去，取消了这次采访。后来，他打听到，球队刚刚在比赛中吃了败仗，正在怄气。如果当时他不看对方的脸色、不识趣地硬去采访，一定是不会有什么收获，说不定还会挨骂。

看来，这位记者就很会察言观色。正所谓：人好水也甜，花好月也圆。人在高兴时，心情舒畅，看见高楼大厦，会想到"凝固的音乐"；看见车水马龙，会想到"滚动的音乐"。人在情绪好的时候，容易体谅人，乐于礼让、关心和帮助他人，也愿意与人聊天，接受别人的邀请。而当人在心情郁闷、烦恼的时候，即使听到"田园交响曲"，也会觉得那是噪音。

其实，但凡会说话的人都懂得察言观色，他们会根据交际对象的反应，恰如其分地去说话，所以他们的人生之路走得总是比较顺畅。

一次，解缙与朱元璋在金水河钓鱼，整整一个上午一无所获。朱元璋十分懊丧，便命解缙写诗记之。没钓到鱼已是够扫兴了，这诗怎么写？解缙不愧为才子，稍加思索，立刻信口念道："数尺纶丝入水中，金钩抛去永无踪，凡鱼不敢朝天子，万岁君王只钓龙。"朱元璋一听，龙颜大悦。

有位心理学家曾经说过："在世界的知识中，最需要学习的就是如何洞察他人。"我们如果能在交际中察言观色，随机应变，就能取得良好的交际效果。

说话要懂得察言观色，要看人下菜碟，这是一个常识，也是一个原则。写文章要看读者，说话就要看听众，为了使自己的话引起对方的重视或取得对方的认可，顺利达到说话的目的和效果，说话就必须看准对象、因事制宜，因人而异。

好的自我介绍，瞬间吸引人心

在日常的人际交往中，初次见面的人总免不了要做自我介绍。自我介绍最基本的要求是大方得体，根据具体情况安排自我介绍的内容。

进行自我介绍，首先要大方得体。

一般来说，在做自我介绍时，要充满自信，亲切自然，目光正视对方，语言简洁清晰，语速不急不缓。

自我介绍的内容，要根据交际目的、所处场合以及交际对象而定，要有鲜明的针对性。

在一般性的社交场合，如果你并没有和对方深入交往的愿望，做自我介绍时只需要向对方表明自己的身份。这时，你可以只介绍自己的姓名，如"您好，我叫张三"或"我是张三"。有时，也可对自己的姓名的写法做些解释，如"我叫陈亮，耳东陈，明亮的亮"。如因公务、工作需要与人交往，自我介绍应包括姓名、单位和职务，无职务可介绍从事的具体工作。如"我叫张三，是李四公司的销售经理"。如果你希望新结识的对象能记住自己，并且有进一步的沟通和交往，做自我介绍时，除介绍自己的姓名、单位、职务外，还可以提及与双方共同的熟人或与对方相同的兴趣爱好等。

若在讲座、报告、庆典、仪式等正规隆重的场合向出席人介绍自己时，还应加一些适当的谦辞和敬语。

要想给人留下深刻的印象，自我介绍就要"出彩"，下面就介绍几种具体的方法：

1. 自嘲容貌

陶志是一个个子不高、戴着眼镜的电视节目主持人。他在向大家介绍自己时是这样说的："单看咱这形象，不如在电视中那么闪闪发亮，眼不大还有点近视，但这丝毫不影响我的睿智与远见；耳朵虽小，更提醒我要耐心倾听观众的心声；嘴巴也不气派，正说明我不夸夸其谈，唢呐和号角的孔都不大，但同样能怒吼与呐喊；个子虽然矮小了点，可潘长江先生说过，·浓缩的都是精华。有人说缺点在一定条件下也会成为优点，这话难免有些夸张，但·缺点在一定条件下会成为特色·则是毋庸置疑的。"

陶志没有使用"老掉牙"的方式来介绍自己，而是借自嘲容貌的方式，把一个形象生动、个性鲜明的自己推到了听者面前，自然地让人对他一见难忘。

2. 自我揭短

大学毕业后，胡志明进了距本县数百里外的某县公安局刑警队工作。不久，领导给他介绍了一个在该县一所中学教学的女朋友。第一次约会时，胡志明没有像别的青年那样在对方面前竭力展现自己的优点，而是"反其道而行之"，来了个"自我揭短"。胡志明向对方这样介绍自己："我这个人找对象存在三大不利因素：一是我家不在这里，办事不如本地人方便；二是我中等身材，相貌平平，有点对不起观众；三是我在刑警队工作，经常加班加点，与我谈对象恐怕要做出一些牺牲。"胡志明的一番话使姑娘看到了他的真诚与豁达，顿生好感，她不由地微笑说："你这个人靠得住，这比什么都强。"胡志明的第一次约会获得成功，双方由此建立了恋爱关系。

在和姑娘初次见面时，胡志明在自我介绍中没有一味地表白自己的优点和特长，而是"反其道而行之"，来了个"自我揭短"，反而给姑娘留下了真诚、可靠的印象，赢得了姑娘的芳心。

3. 巧解自己的姓名

自我介绍首先要介绍自己的名字，并对"姓"和"名"加以解释，你解释得越巧妙，别人对你的印象就越深。这可以反映一个人的知识水平和性格修养，也可以体现一个人的口才。

一个人的姓名，往往有丰富的文化积淀，或折射出凝重的史实，或反映时代的乐章，或寄寓双亲对子女的殷切厚望。因之，巧解姓名有时也令人动情，加深印象。

在全国"荣事达"杯节目主持人大赛中，一个名叫潘望的主持人是这样自我介绍的："我叫潘望，早在孩提时代，我那只有小学文化的军人爸爸和教小学的妈妈就轮番地叮嘱我："望儿，你可是咱们家的希望啊！"为了不辱使命，肩负着双亲的重托，我脚踏实地、一步一个脚印地走来，直到今天，走到这个国家级的最高赛场，但愿教师们能给我这只盼望飞翔的鸟儿插上奋飞的翅膀。"

在潘望的介绍中，父母的心愿并列呈现，谁不为之心动？

4. 借与名流相比加深印象

曹菲是一名记者，在一次"记协"聚会上，由于大部分人是第一次见面，曹菲这样自我介绍："我喜欢写诗，可写不过舒婷；我喜欢唱歌，可唱不过毛阿敏；我喜欢主持节目，她俩可能比不过我……"这么一说，就会使别人感到她颇为幽默。

曹菲巧妙地把自己与名人相比，既显示了自己的才能，又显示了语言幽默的特点，博得了大家的好感。

5. 借助地域

通过介绍家乡地域风情景物名优特产的某些特性，巧妙地烘托自己的个性，也是一个好方法。如果地域、家乡名优特产突出，就应从中推衍、阐发出与自己个性相关的内容；如果特产不明显，不特殊，那就挖掘地方特色，将地方特色与自己的个性巧妙结合起来。

一个来自云南的演讲员这样介绍自己："尊敬的评委老师，我来自云南。也许老师们会感到惊诧，.云南是阿诗玛的故乡，是个佳丽辈出的地方，但是老师们千万别忘了，云南也是大理石的故乡，相信老师能从我身上看见大理石的朴实、厚重与刚强。"

这个演讲员以云南盛产大理石这一特产为生发的对象，由大理石的性质、特性引申到自己身上的"朴实、厚重与刚强"，显然自然贴切，不露痕迹，突出了自己的性格、本色和特征。

自我介绍也是一门学问，得体是基本要求，"出彩"是关键。自我介绍要独辟蹊径，从出人意料的独特的角度，采用生动活泼的语言把自己介绍给别人。出色的自我介绍让你在初次"亮相"时就撞出个"碰头彩"，使你在与陌生人的交往中更有吸引力，增强别人想要与你交往的愿望。

说好开场之言，三两句话动人心弦

在社会生活中，我们经常要和陌生人打交道。初次见面时给人的第一印象最为关键。两个萍水相逢的陌生人，要想在短时间内消除彼此之间的陌生感、拉近彼此之间的距离，说好第一句话至关重要。在交谈中，这第一句话也就是你的开场白。可以说，说好了开场白，你也就拥有了一把打开陌生人心扉的钥匙。

下面介绍几种开场白，只要你能灵活掌握、运用，就能在交谈中收到立竿见影的奇效。

1. 攀亲认友

一般来说，对任何一个素不相识的人，只要事前做一番认真的调查研究，你都可以找到或明或隐，或近或远的亲友关系。而当你在和陌生人见面时，如果能够及时拉上这层关系，就能使对方产生亲切感，一下子缩短双方之间的距离。

三国时代的鲁肃就是一位攀亲认友的能手。他跟诸葛亮初次见面时的第一句话就是："我是你哥哥诸葛瑾的好朋友。"这一句话就使交谈双方心心相印，为孙权跟刘备结盟共同抗击曹操打好了基础。有时，对异国初交者也可采用攀亲认友的方式。1984年5月，美国里根总统访问上海复旦大学。在一间大教室里，面对一百多位初次见面的复旦学生，里根总统的开场白就紧紧抓住彼此之间还算"亲近"的关系："其实，我和你们学校有着密切的关系。你们的谢希德校长同我的夫人南希，都是美国史密斯学院的校友呢。照此看来，我和各位自然也就都是朋友了！"此话一出，全场鼓掌。

短短的两句话就使一百多位黑发黄肤的中国大学生把这位碧眼高鼻的"洋"总统当成了十分亲近的朋友。接下去的交谈自然十分热烈，气氛极为融洽。你看，里根总统这段开场白设计得多么巧妙！

2. 扬长避短

人人都有长处，也都有短处。一般来说，人们都希望别人多谈自己的长处，不希望别人多谈自己的短处，这是人之常情。跟初识者交谈时，如果以直接或间接赞扬对方的长处作为开场白，就能使对方高兴，并对你产生好感，双方交谈的积极性也就可以得到极大的激发。反之，如果有意或无意地提及对方的短处，对方的自尊心就会因此受到伤害，就会感到扫兴，感到"话不投机半句多"。

日本心理学家多湖辉所著的《语言心理战》一书中记述了这样一件趣事：被誉为"销售权威"的霍依拉先生的交际诀窍是：初次交谈一定要扬人之长、避人之短。有一回，为了替报社拉广告，他去拜访梅伊百货公司的总经理。一番寒暄之后，霍依拉突然发问："您是在哪儿学会开飞机的？总经理能开飞机可真不简单啊。"话音刚落，总经理兴奋异常，谈兴勃发，广告之事当然不在话下，霍依拉还被总经理热情地邀请去乘他的自备飞机呢！

3. 表达友情

用三言两语恰到好处地表达你对对方的友好情意，或肯定其成就，或赞扬其品质，或欢迎其光临，或同情其处境，或安慰其不幸，就会顷刻间温暖对方的心田，使对方油然而生一见如故、欣逢知己的感觉。

初次见面时交谈可以达到这种程度，跟从未见过面者电话交谈时适当地表情达意同样能使对方感动不已。

美国爱荷华州的文波特市，有一个极具人情味的服务项目——全天候电话聊天。每个月有近两百名孤单寂寞者使用这个电话。主持这个电话的专家们最得人心的是第一句话："今天我也和你一样感到孤独、寂寞、凄凉。"这句话表达的是对孤单寂寞者的充分理解之情，因而产生了强烈的共鸣作用，难怪许多人听后都愿意把自己的知心话向主持人倾诉。

4. 添趣助兴

用风趣活泼的三言两语就可以扫除跟陌生人交谈时的拘束感和防卫心理，达到活跃气氛、增添对方的交谈兴致的目的。

要用三言两语就惹人喜爱、使人感觉一见如故，关键的功夫要花在见面交谈之前。在上面所讲的事例中，人们之所以能获得成功，除了拥有高超的语言技巧之外，无一不是在见陌生人之前就早已了解他的大概情况。

美国前总统富兰克林·罗斯福跟任何一位来访者交谈，不管是牧童还是教授，不管是经理还是政客，他都能用三言两语赢得对方的好感。他的秘诀就是：在接见来访者的前一晚，必定花费一定的时间去了解来访者的基本情况，特别是来访者最感兴趣的题目。这样，在见面交谈时就能有的放矢。

说好你的开场白，能够赢得对方的好感，迅速地拉近彼此之间的距离，甚至让对方对你产生一见如故的感觉。说好你的开场白，就相当于为双方进一步的交往和交流开了个好头。

在生活中，我们常要与陌生人打交道。尤其是对销售、公关、商务谈判等职业人士而言，说好开场白更是至关重要。那么开场白有什么原则可遵循吗？有，那就是热情、贴心，以最快的速度消除陌生感。

寻找共同之处，迅速拉近心理距离

陌生人初次见面时，能否打开交谈的突破口，对初次交谈以及日后的交往都显得尤为重要。要想打开与陌生人交谈的突破口，最佳的方法就是找到自己同陌生人之间的共同点。

那么，在初次交谈中，怎样才能找到自己同陌生人之间的共同点呢？

1.察言观色，寻找共同点

一个人的心理状态，精神追求，生活爱好等，都或多或少地要在他们的表情、服饰、谈吐、举止等方面有所表现，只要你善于观察，就会发现你们的共同点。

一退伍军人乘客同一陌生人相遇，位置正好都在驾驶员后面。汽车上路后不久就抛锚了，驾驶员车上车下忙了一通还没有修好。这位陌生人建议驾驶员把油路再查一遍，驾驶员将信将疑地去查了一遍，果然找到了病因。这位退伍军人感到陌生人的这绝活儿可能是从部队学来的。于是试探道："你在部队待过吧？""嗯，待了六七年。""噢，那咱俩还应算是战友呢。你当兵时部队在哪里？"……于是这一对陌生人就谈了起来，据说后来他们还成了朋友。

当然，这察言观色发现的东西，还要同自己的情趣爱好相结合，自己对此也有兴趣，打破沉寂的气氛才有可能。否则，即使发现了共同点，也还会无话可讲，或讲一两句就"卡壳"。

2. 以话试探，侦察共同点

两陌生人对坐，为了打破这沉默的局面，开口讲话是首要的，有人以招呼开场，询问对方籍贯，身份，从中获取信息；有人通过听说话口音，言辞，侦察对方情况；有的以动作开场，边帮对方做某些急需帮助的事，边以话试探；有的甚至借火抽烟，也可以发现对方特点，找开口语交际的局面。

两个年轻人从某县城上车，坐在一条长椅上。其中一人问对方"在什么地方下车？""到南京，你呢？""我也是，你到南京什么地方？""我到南京山西路一亲戚家有事，你就是本地人吧？""不是的，我是来南京走亲戚的。"经过双方的"火力侦察"，双方对县城熟悉，对南京了解，都是亲戚的共同点就清楚了。两个人发现对方共同点后谈得很投机，下车后还互邀对方做客。

这种融洽的效果看上去是偶然的，实际上也是有其必然原因的："火力侦察"，发现共同点，向深处掘进而产生的效应。

3. 听人介绍，猜度共同点

你去朋友家串门，遇到有生人在座，作为对于二者都很熟悉的主人，会马上出面为双方介绍，说明双方与主人的关系，各自的身份，工作单位，甚至个性特点，爱好等，细心人从介绍中马上就可发现对方与自己有什么共同之处。

一位是县物价局的股长和一位"县中"的教师，在一个朋友家见面了，主人把这对陌生人作了介绍，他们马上发现都是主人的同学这个共同点，马上就围绕"同学"这个突破口进行交谈，相互认识和了解，以至变得亲热起来。

此举最重要的是在听介绍时要仔细地分析认识对方，发现共同点后再在交谈中延伸，不断地发现新的共同关心的话题。

4. 揣摩谈话，探索共同点

为了发现陌生人同自己的共同点，可以在需要交际的人同别人谈话时留心分析，揣摩，也可以在对方和自己交谈时揣摩对方的话语，从中发现共同点。

在广州的某百货商店里，一位在南海舰队服役的军人对服务员说："请你把那个东西拿给我看看。"还把"我"说成字典里查不到的地道的苏北土语。旁边另一位也是苏北人并在广州某陆军部队服役。听了前者这句话，也用手指着货架上的某一商品对营业员说了一句相同的话，两句字里行间都渗透苏北乡土气息的话，使两位陌生人相视一笑，买了各自要买的东西，出了店门就谈了起来，从老家问到部队，从眼下任务谈到几年来走过的路，介绍着将来的打算。身在异乡的一对老乡的亲热劲儿，不知情的人怎么也不会相信是因为揣摩对方一句家乡话而造成的结果。

可见细心揣摩对方的谈话确实是可以通过找出双方的共同点，使陌生的路人变为熟人，发展成为朋友的。

发现共同点是不太难的，但这只能是谈话的初级阶段所需要的。随着交谈内容的深入，共同点会越来越多。为了使交谈更有益于对方，必须一步步地挖掘深一层的共同点，才能如愿以偿。

其实，寻找共同点的方法有很多，譬如面临的共同的生活环境、共同的工作任务、共同的行路方向、共同的生活习惯等。只要善于发掘，就能很轻松地打开同陌生人交谈的突破口，和陌生人展开畅快的交谈。

措辞要得体适当，以免惹人反感

总之，在和陌生人的交谈中，一定要注意把握分寸，言语得体，这样才能成为陌生人眼中讨人喜欢的交谈者，才能博得对方的好感，激发对方与你进一步交往的愿望。

初次交谈时最忌讳的就是触犯别人的隐私。

一天，刚参加工作的于莹莹被派到外地去出差。在车厢内，她碰到了一位来华旅游的英国姑娘。由于对方首先向于小姐打了一个招呼，于小姐觉得不与人家寒暄几句实在显得不够友善，便操着一口流利的英语，大大方方地随口与对方聊了起来。

在交谈之中，于小姐有点没话找话地询问对方："你今年多大岁数呢？"不料人家答非所问地予以搪塞："你猜猜看。"刘小姐觉得没趣，转而又问："到了你这个岁数，你一定结婚了吧？"这一回，那位英国小姐的反应更令刘小姐出乎意料：对方居然转过头去，再也不搭理她了。一直到下车，她们两个人再也没有说上一句话。

于小姐与那位英国姑娘话不投机，不欢而散，主要是因为她在交谈中向对方所提出的问题，是国外纯属不宜向人打探的个人隐私。按照常规，对方是有权利拒绝回答的。

那么，究竟在初次交谈中我们要遵循哪些原则呢？

1. 态度诚恳、亲切。说话本身是用来向人传递思想感情的，所以，说话时的神态、表情都很重要。例如，当你向别人表示祝贺时，如果嘴上说得十分动听，而表情却是冷冰冰的，那对方一定认为你只是在敷衍而已。所以，说话必须做到态度诚恳和亲切，才能使对方对你的说话产生表里一致的印象。

2. 用语谦逊、文雅。如称呼对方为"您""先生""小姐"等；用"贵姓"代替"你姓什么"，用"不新鲜""有异味"代替"发霉""发臭"。如你在一位陌生人家里做客需要用厕所时，则应说："我可以使用这里的洗手间吗？"或者说："请问，哪里可以方便？"等。多用敬语、谦语和雅语，能体现出一个人的文化素养以及尊重他人的良好品德。

3. 声音大小要适当，语调应平和沉稳。无论是普通话、外语、方言，咬字要清晰，音量要适度，以对方听清楚为准，切忌大声说话；语调要平稳，尽量不用或少用语气词，使听者感到亲切自然。

4. 语言要简洁、精练、准确，使听者在较短的时间内获得较多的有用信息，切忌空话连篇，空洞无物。

5. 语言要考虑对方的接受能力，尽量做到通俗易懂，切忌卖弄文采、说艰涩难懂的语言。

言谈得体就是与人交谈中使人愉悦，不做言谈中令人讨厌的角色，与人初次交谈时，我们还要注意避免下列几种情况：

1. 滔滔不绝

谈话一上来，不管别人感不感兴趣，爱不爱听，自顾自在那里滔滔不绝、眉飞色舞，使对方一句话都插不上，听话的人索然无味。

2. 爱嚼舌头

有些人也许是太无聊，也许是心理变态，她最关心的就是张家短、王家长，一到某些场合不是打听对方就是编排对方，加上自己的非凡想象力，使事情经过其嘴就变得有情有节，类似电视剧本。

3. 不要太沉默

有些人不管别人说啥总是在一边不吭气，也许是内向、自卑，也许是话不投机，但是过于沉默的人会使与其交往的人感到压抑，致使正常的社交气氛被破坏，自己也找不到朋友。

4. 不要自夸

交谈中需要自信、自强，但在谈话中老是夸耀自己能干、自己的成功、自己的感觉，会使别人感到自卑、难受。太爱表现自己的人，往往使人讨厌。

5. 不要抢白

人们在讲话时都希望别人能认真听，在讲到兴致颇高时，被人抢白、打断肯定很不乐意。老是喜欢打断、抢白别人的人一定是社交圈中不受欢迎的人，因为他不识时务。

6. 不要多用"我"字

说话中老是"我"字不离口的人，一定是个表现欲很强而且挺自负的人。他不关心别人的事，不爱倾听别人的话，只关心自己内心的想法。这种人也一定不是个谦虚平和的人。

两个原本素不相识的人，在初次交谈中说话一定要谨慎，否则就有可能引起对方的反感，导致交际的失败。所以，在和他人的初次交谈中，一定要注意把握分寸，做到言语得体。

善用眼神说话，直触对方心底

在人类的面部表情中，最传神、最微妙、最动人、最有魅力的莫过于眼神。人们常说，眼睛是心灵的窗户。在人类的肢体语言当中，眼神最能表达情感、沟通心灵。千变万化的眼神，能够表露出人们丰富多彩的内心世界。因此，在与人交谈时，要善于同别人进行目光接触和交流。这不仅是一种礼貌，还有助于谈话的持续不断和顺畅进行。

眼睛具有反映人的深层心理的特殊功能。专家研究表明，眼神实际上是指瞳孔的变化行为。瞳孔受中枢神经的控制，如实地反映大脑正在进行的一切活动。当瞳孔放大时，传达的是诸如爱、喜欢、兴奋、愉快等的正面信息；当瞳孔缩小时，传达的则是诸如消沉、戒备、厌烦、愤怒等的负面信息。眼睛能够显示出人的喜怒哀乐、爱憎好恶等思想情绪的存在和变化。也就是说，眼神和谈话之间有一种同步效应，眼神总是忠实地反映出说话的真正含义。

在交谈中，"目光语"的运用是一种重要的礼仪行为。目光，主要用来表示对对方的亲切友好和关注的态度，并营造出良好的交谈气氛。通常，人们会根据交谈双方关系的不同，来区别凝视的部位、角度的不同以及时间的长短。

首先说凝视的部位。

1. 亲密凝视，眼神通常集中在对方眼睛和胸部以上这个三角区域，这往往是亲人或恋人之间使用的一种凝视行为。

2. 公务凝视，眼神的焦点落于对方两眼和额头中部之间的三角区域，这通常是为公事打交道的凝视行为。

3. 社交凝视，眼睛看着对方脸上的两眼到嘴唇之间的三角区域，这是人们在社交场合所运用的一种凝视行为，这种凝视行为能够营造出一种"社交气氛"。

再来说一说注视角度的问题。

注视的角度能够反映出你对人的态度，因此不可轻视这个问题。在公共场合与人交谈时，应该采用正视、平视、仰视、环视（有多人在场时），而不应该采用斜视、扫视、俯视甚至"无视"。仰视能够表示崇拜和尊敬之意；正视、平视、环视则能够体现出公平、平等和自信；而俯视虽然也包含有爱护、宽容的意思，但用错地方，就会让人产生轻视、傲慢的感觉；而扫视、斜视、漠视和无视都是严重的不礼貌的行为。

接着来再说一说注视时间长短的问题。

在跟人打交道的时候，注视对方的时间很短或基本不看对方，不管你的主观动机如何，都会让对方产生一种被轻视、被冷落的感觉，从而引起对方的反感。这些人往往不懂得眼神在交流中的重要作用，往往不是低着头看地板或盯着对方的脚，就是"顾左右而言他"。其实，这样会严重地影响交流。因为，在谈话中，不愿进行目光接触的人，往往会给人一种企图掩饰或隐藏着什么的感觉；目光接触时间很短、眼神闪烁不定的人，会让人觉得他精神不稳定或性格不诚实；而几乎不看对方的人，则会被认为是怯懦和缺乏自信心的人。

当然，在交谈时，也不应该走向另一个极端，那就是长时间地盯着对方。英国人体语言学家莫里斯说："眼对眼的凝视只发生于强烈的爱或恨之时，因为大多数人在一般场合中都不习惯于被人直视。"长时间地凝视有一种蔑视和威慑的作用，有经验的警察、法官常常利用这种手段来迫使罪犯招供。因此，在一般社交场合不宜使用长时间注视。同时，长时间地注视，特别是对异性目不转睛地注视，还有对初识者反复的上下打量，也都是很不礼貌的行为。

在人际交往中，注视时间的长短，往往取决于双方关系的亲疏和你对对方重视的程度。

在和熟人、故交或比较重视的对象交谈时，注视对方的时间要长一点。而陌生人的交谈中，不应该直视对方，而应首先平视对方一眼，然后自然地转视他人或四周，避免形成相互对视；而在平视对方时，以散点柔视为佳，目光要柔和、亲切、坦诚、真挚，不要以探询的目光逼视对方，也不能使用那种"一眼看穿"式的眼神，还应同时报以微笑、点头、问候或握手，以迅速地拉近彼此之间的距离。

在这一过程中，眼神不要保持"始终如一"。

自始至终地保持同一种眼神，即使是亲切的目光，也会让人感觉做作和虚伪。真诚地与人交谈时，眼神会自然地产生变化：见面握手、问候时，目光亲切、热情；与人交谈时，要把握好目光接触的分寸；询问对方的身体及家庭情况时，目光中会充满关切；征求对方的意见时，应采用期待的目光；当对方表示赞同、支持、合作时，目光自然转向喜悦；对方带来意外的好消息时，应当报以惊喜的目光；对方侃侃而谈时，你应始终投以关注的目光，即使对对方的谈话内容不太了解或不感兴趣，因为这是礼仪规范最起码的要求；当对方发表了启发性的真知灼见时，要会意地递去赞赏的目光；如果谈话中需要打断对方谈话插话时，要首先报以歉意的目光；起身送客时，也要用关照的目光"目送"对方。

在交流中，一个人的眼神，往往会影响对方对你的第一印象。一个人目光炯炯，会给人留下身体健康、精力旺盛的印象；而目光迟滞的人，留给人的印象是衰老、虚弱。一个人目光如炬，会让人觉得他有远见卓识；

而目光如豆的人，会让人觉得他见识短浅、能力低下。一个人目光清朗，让人觉得他坦诚、正直；而目光闪烁的人，则会让人觉得他心虚、神秘。

在人际交往领域，目光和眼神的作用非凡。在与人交谈时，善于最大限度地运用眼神和目光的表现力，不但能够显示出个人的礼仪和修养，还能促进双方的交流和进一步的交往。

在交流中，如果你想给对方留下较为深刻的印象，那么，你凝视对方的目光就要长久一些，以此表现出你的自信。如果你想在和对方的争辩中获胜，那么，注意不要使用闪烁的目光，不要轻易地把目光移开，这样能够表示出你的坚定。如果你和别人碰面，面对别人的眼光觉得不自在，你就应该把目光移开，减少不快的感觉。如果在你和对方谈话的时候，他表现得漫不经心，还会出现闭眼的姿势，你应该知趣地暂停交谈；即使你还需要进行进一步的沟通，也要随机应变。如果你想和别人建立良好的默契，应该用说话 60% ～ 70% 的时间来注视对方，并且选择注视对方的两眼和嘴之间的三角区域，这样信息的传递，才会被正确而有效地理解。如果你想在和陌生人的交往中获得成功，那就应该采用温和、期待的目光，面带浅笑，不卑不亢。

在人际交往中，目光接触和眼神交流发挥着信息传递的重要作用。在与人交谈的时候，我们一定要善于利用这一重要的肢体语言，达到交谈的最终目的。

眼睛是心灵的窗户，它能折射出你的喜怒哀乐，也能流露你的喜好厌恶。所以，请善用你的眼睛，不要让它出卖了你。因为，你的每一个眼神，别人都能读懂。

借用手势表达，让语言更具感染力

手势是人们在交往或谈话过程中用来传递信息的各种手势动作。手势是人类最早使用的、至今仍被广泛运用的一种交际工具。在长期的社会实践过程中，手势被赋予了种种特定的含义，具有丰富的表现力，成为人类表情达意的最有力的手段，在肢体语言中占有最重要的地位。手势的"词汇量"在肢体语言当中相当丰富，是人与人之间交往中的第二张面孔。在交谈的过程中，如果能够恰当地使用手势，就能帮助你更好地和他人进行沟通，使你的谈吐更有魅力、更加动人。

通常，手势的表意功能可分为情绪性手势、指示性手势、模拟性手势、象征性手势和礼仪性手势五种类型。

1. 情绪性手势

情绪性手势是伴随着说话人的情绪起伏而发出的，常常用来表达或强调说话人的某种思想感情、情绪、意向或态度。比如说，高兴时拍手称快，悲痛时捶打胸膛，愤怒时挥舞拳头，悔恨时敲打前额，犹豫时抚摸鼻子，着急时双手相搓。一般来说，用手摸后脑勺则表示尴尬、为难或不好意思，双手叉腰表示挑战、示威或自豪，双手摊开表示真诚、坦然或无可奈何，扬起巴掌猛力往下砍或往外推，表示坚决果断的态度、决心或强调某一说词。情绪性手势是说话人内在情感和态度的自然流露，往往和表露出来的情绪紧密结合，鲜明突出，生动具体，往往能给听者留下深刻的印象。

2. 指示性手势

指示性手势是用来指示具体对象的手势动作。比如，用手指指自己的胸口，表示谈论的是自己或跟自己有关的事情；伸出一只手指向某一座位，是示意对方在该处就座。指示手势还可以用来指点对方、他人、某一事物或方向，还可以表示数目、指示谈论中的某一话题或观点等。指示性手势可以增强谈话内容的明确性和真切性，便于及时掌握听者的注意力。

3. 模拟性手势

模拟性手势是指比画事物形象特征的手势动作。如抬起手臂比画一个人的高矮，伸出拇指、食指构成一个圆圈比画鸡蛋的大小，抡起胳膊侧身往后模仿骑马，等等。模拟性手势在一定程度上能使听者如见其人，如临其境，由于它往往还带有一点夸张的意味，因而极富感染力。

4. 象征性手势

象征性手势是表示抽象意念的一类手势动作。这种手势往往具有特定的内涵，使用十分普遍。第二次世界大战期间，英国首相丘吉尔推广的一种象征胜利的"V"型手势（伸出右手的食指和中指构成"V"字形状，余指屈拢），19 世纪初风行于美国而后在欧洲被普遍采用的表示良好、顺利、赞赏等意思的"OK"手势（大拇指与食指构成一个圆圈，其他三指伸直张开），就是属于此类。在我国，举起握成拳头的右手宣誓表示庄严、忠诚和坚定；少先队员们将右手举过头顶象征人民的利益高于一切；跷起大拇指表示称赞、夸奖；跷起小指表示贬斥、蔑视。象征性手势能给谈话制造特定的气氛和情境，从而加强语言的表达效果。

5. 礼仪性手势

礼仪性手势是指在社交中用于致意、表示礼貌的手势动作。比如说，双方见面握手致意，表示礼貌热情；携手并肩表示亲切友好；挥手相送表示依依惜别；鼓掌致意表示欢迎、赞扬与支持等。礼仪性手势是社交中不可缺少的交际工具。需要指出的是，前面四种手势的划分并不是绝对的，有时，一个手势可以包含几种意义。比如说到要去"拥抱明天，拥抱未来"可能会激动地撒开双手向前伸出，这既是一种情绪的自然流露，又带有指示或象征意味。

手势的运用场合很多，在日常生活中，手势包括扬手、拱手、招手、摆手、摇手、伸出手臂或手指等动作。不管是哪一种手势动作，都要做到有感而发，准确、自然、优雅而不生硬，还要从实际出发，使动作恰当而简明地说明问题，表达感情。运用手势时还应与人的眼神、面部表情相结合，才能恰如其分地表达手势的意思。

当使用必要的手势辅助语言表达时，应该遵循以下原则：简洁明确，不滥用手势，让人辨别不清你的手势含义；幅度适度，手势使用要自然，通常以小幅度为宜，如果手势幅度过大、使用频率过多，会显得浮躁张扬，不够稳重；自然得体，不要刻意设计模仿，否则有可能虚假失真；和谐统一，使手势动作与自己的谈话表情要和谐一致，有助于思想意识的正确表达。

现实生活中，很多人在运用手势时存在着不少不良习惯，比如说，兴奋时的手势显得忘乎所以；遇到为难的事或着急的事，就当众抓耳挠腮；与别人谈话时，边讲边挠痒、搔头皮；在人多的场合，指手画脚、拉拉扯扯；说话时，反复使用一种手势，令人感到单调乏味。有一定文化修养、风度高雅的人，在人际交流场合应当十分注意手势的运用。与人交谈时，要留心控制自己的双手，不随便乱动，以保持文雅的风度。

手势对演讲的效果也有很大的影响。由于手势具有具体、鲜明、形象、动作幅度较大的特点，所以在辅助表情达意、增强演讲的吸引力等方面，具有特殊的功能。潇洒的手势，最主要的特征是协调、适度，给人以美感。然而许多的演讲者并不重视手势的运用：有人在演讲时表现得十分机械，要么两手直立下垂，要么双手按在讲台上，缺乏必要而合适的手势动作；有的人虽然使用了手势，但并不潇洒，也没什么变化，只是机械地比画几下，或一直重复一个习惯性动作；有的人在演讲时动作过多，令人眼花缭乱，手势非常夸张，让人感到滑稽、别扭，殊不知，不规范、缺乏审美感的手势，不但对演讲起不到积极的作用，反而会分散听众的注意力、甚至使听众厌烦。

总之，在交谈时恰当地使用手势，能够增强语言表达效果和感染力，增加谈吐的魅力。要想成为一个拥有良好的谈吐的人，必须重视手势的特殊作用，积极规范自己的手势动作。

手，是人身体上最灵活的部位，借助手势，我们可以表达自己内心的情感和想法，而这些，倘若换成语言表达，或许就没有那么好的效果。因此可以说，有时手甚至比嘴更会说话。在与人沟通的过程中，手势的合理运用，会让你的话语更具感染力和说服力，所以请一定要注意自己的手势，因为它就是我们的第二张脸。

说好结束语，对方才会总"想你"

和陌生人交谈，说好了第一句话，就等于开了一个好头；说好最后的结束语，就等于给双方的谈话画上了一个圆满的句号。结束语也就是告别的话，一般来说，在结束和陌生人的交谈时，人们经常会说"再见""再会"等，但这样的结束语过于平淡无奇、千篇一律，很难给陌生人留下深刻的印象，因此，你有必要好好斟酌一下你的结束语。

当初次交谈接近尾声时，可以使用以下几种结束语：

1. 关照式结束语

这种结束语方式，是交谈双方说完了自己的思想、意见或流露了某些内心意向之后，觉得谈话中的有些话和问题带有范围性、对象性、保密性和重点性，当交谈即将结束时，就关照对方不要将其中的某些话张扬出去。譬如：

"刚才我讲的一些话，是一些不成熟的看法，我觉得不必让他人知道，请你不要传出去，以免引起麻烦……"

"小王，我要讲的都讲了，全是心里话。有关小李的事你千万不要告诉别人，不然会闹出大乱子来的。"

这种关照式结束语，有一种提起注意、防患于未然和强调重点的作用，能使交谈的对方增进了解并增强"使命感"、"责任感"。

2. 征询式结束语

交谈完毕，主谈者根据自己的交谈目的与交谈后的吻合情况向对方征求意见、说明、要求或建设性的忠告、劝诫等，这就是征询式结束语。譬如："李先生，随着我们接触的增多和了解的深入，你一定察觉出我有许多缺点，你觉得我最糟糕的毛病是什么？希望你下次开诚布公地提出来。"

"张小姐，我不懂得恋爱艺术，我只想对你说一句话，在你面前的这个人，他愿意爱你一辈子，不知你的想法怎样？"

当你与陌生下属交谈工作结束时，你应该说："你还有别的什么要求和意见吗？"

"你生活上还有困难和要求吗？只要有可能，我将全力帮你解决……"下属也应同样征询对方："除了工作之外，你对我还有其他意见和看法吗？如果现在想不起来，日后尽管提，我是不会计较别人向我提意见的……"

在交谈艺术中，征询式的结束语往往给人以谦逊大度、仔细周到和稳重老成的印象。运用征询式的收尾，对方听了便会产生一种心悦诚服、备感亲切、心心相印的感觉，从而取得融洽关系、有利于事业进展的良好效果。

3. 道谢式结束语

道谢式结束语，在交谈艺术中具有较强的礼节性，它的基本特征是用讲"客气话"作为交谈的结束语和告别话。道谢适用的场景和对象是最广泛的，无论是上下级、同事、亲朋还是熟人、邻舍以及初交者之间都是适宜的。譬如：

如果一次同志式的思想启迪性交谈行将结束，从谈者可用"听君一席话，胜读十年书"、"你对我学习上的帮助和生活上的关怀，我感激不已"结束。

"刘先生，在您的悉心指导下，我明白了自己的责任，我一定按您的指教去做。谢谢您了，再见！"

4. 祝愿式结束语

这种结束语方式的特点是，不仅具有较强的礼节性和情趣性，而且还具有极大的鼓动力。如果再加上适当的口语修辞，它的效果一定会非常显著。如："再见吧，路上保重。祝你一帆风顺！"

"时间不等人，生活就是拼搏，抓紧时间，就等于延长生命。我祝愿你是这样一个人，再见！"

"一个伟大的男子就应该具有不凡的气概。只有经得起磨难，才能砥砺出刚强的锋芒……让我们都成为这样的男子吧！再见！"

5. 归纳式结束语

归纳式结束语，通常在陌生人之间非形式性交谈中使用，或同志间、亲朋间工作性交谈中使用。譬如：

主谈者："小陈，我今天谈的主要问题，一是咱们团委对新形势下出现的一些问题如何做出正确的估计和怎样引导、转化；二是关于共青团发展工作的经验，我们得好好总结一下。这是局团委要求我们马上做的，这两件事，我事先向你打个招呼，我们都考虑一下……"；"刘芳，听了你的情况介绍后，我觉得问题的关键是第一点，我们是做他人思想工作的，如能统一人心，其他问题也就迎刃而解了……"

亲朋之间则可以这样进行："表弟，我刚才谈的三件事，你一定得一件件去落实，我等待着你成功的喜讯……再见。"

归纳式结束语，由于条理清晰，中心突出，重点再现，这样对方交谈的目的和内容，双方的思想和意见就能清楚交流，收到言简意赅、重点突出、明朗爽快的效果。

6. 邀请式结束语

邀请式结束语的基本特征是运用社交手段向对方发出礼节性邀请或正式邀请。前者的效用体现了"客套式"所需的礼仪；后者则表现了友谊的生命力。

①"客套式"邀请："如果您下次途经上海，请到我们家来做客。再见！"

②正式邀请："今天我们就谈到这里吧，星期三晚上6点钟请你到我家吃顿便饭，那时我们再长谈吧。再见！"

以上这两种邀请式结束语，在社交场合同陌生人讲话是必不可少的。"客套式"邀请也是一种礼节；正式邀请更是一种友好和友谊的表示。

在于陌生人握手言别时，好的结束语一定会给对方留下不俗的印象，并延续你们进一步交往的可能。

实际上，结束语是多种多样的，关键是能够根据具体的情况和交谈对象，来选择最恰当得体的告别方式，这样才能使人回味无穷，达到"余音绕梁"的效果。

CHAPTER 04

美言温心

赞美恰如阳春酥雨，缓缓流入人的心底

人总是喜欢奉承的。即使明知对方讲的是奉承话，心中还是免不了会沾沾自喜，这是人性的弱点。换句话说，一个人受到别人的夸赞，绝不会觉得厌恶，除非你说得太离谱了。鉴于此，我们何苦吝啬自己的溢美之词？不如好好地去满足人性的这种渴望。

赞美是所有声音中最甜蜜的一种

每个人都会认为自己很重要，自己做的事大多数都是正确的。在他看来，世界上唯一重要的就是他自己。当然，在这里不是宣扬"人人都自私"的观点。每个人身上都有对自己的满足感，还有重要感、成熟感。光是他们自己感到了还不满足，还需要外界对他们的认同，在这种认同中他们感到社会已注意到他们的存在，心里在想：我还是蛮重要的，瞧这件事我办得多好。

一些话语比如"你行的，你一定行""你是天才，你是个天分很高的人"、"你是个很好的姑娘"，诸如此类的暗示性的语言能使人在举棋不定的时候重新获得勇气。

一位美国心理学家做过这样一个实验。他在某一所中学找到一个班，他向班主任说明了这个实验会让他看到一个奇迹，因为他在许多学校、许多人中间都做过此类实验，结果很成功。

他在暗中观察了很长时间，发现班上有一个相貌平平、毫不起眼的姑娘，于是他找了个机会，把全班（除了那位女生）召集到了一块儿，向他们说了他的打算。这位心理学家告诉学生们，从今以后，所有的学生都要把那位未到场的女生当作全班最漂亮、最迷人的姑娘。3个月后，将会有奇迹出现。

于是，从那天起，学生们对那位姑娘的态度变了，再也不是以前冷冰冰的态度了。

刚开始那位女生受宠若惊，她惊奇地看着男生把别的相貌较好的女生撇在一边不理，而向她大献殷勤，而女生们也带着钦羡的目光向她这边张望，老师们上课时对她的态度也变了，每次提问时，总是叫她的名字，当她答对了的时候，便会得到夸奖。那位姑娘就像坠入梦境一样，她不明白这些天来自己怎么会由一个灰姑娘一下子就变成了众人心目中的白雪公主。

一个星期过去了，人们仍像众星捧月一样对待她。于是她就开始注意自己的形象了，她的眉头舒展了，她的胸脯挺起来了，由于笑声经常陪伴着她，她的心情也渐渐地开朗、愉快了起来，经常与朋友们在一起尽情地玩乐。

两个月过去了，全班同学都惊奇地发现她与以前大不相同了。虽然容貌上不能算是美丽绝伦但也楚楚动人，而且微笑常常挂在嘴边，有的同学还说那笑像明星的微笑。后来，班上选班长，大家一致投票选那位姑娘，也许开始实验时，大家是在逢场作戏，可是到了后来，人们对她的肯定都是真心实意地了。

任何一个人成功的道路都不是平坦的，对那些从小就经历苦难的人更是如此。尤其是在他们最困难的时候，在他们感到前途渺茫看不到出路的时候，他们需要的不是同情的眼泪，也不是深切的惋惜，往往一句赞赏或鼓励的话语就会让他们树立起信心，去克服困难，迎接挑战。

在现实生活中，赞美与恭维不仅仅是一种现象，还是一门学问，更是一种艺术。

马克·吐温曾经说过：“一句精彩的赞辞可以代替我 10 天的口粮。”

赞美别人、恭维别人，其实是一种智慧、一种策略，是人际关系至高无上的"润滑剂"。而且这种美丽的言辞又是免费供应，如此"于人有利、于己无损而有利"的事，又何乐而不为呢？

赞美他人和巧于恭维是一种博取好感和维系好感最有效的方法。

美国前总统威尔逊在竞选民主党总统候选人的时候，就应用赞美他人和巧于恭维的这种方法：有人发布威尔逊多年以前所写的一封信，在那封信里，他表示要将某议员打得一塌糊涂。在信件发布不久以后，在华盛顿的某一场宴会中，那位议员也在座，威尔逊在他的演说辞里，对那位议员的品格和他所以博得名誉的缘由赞誉备至。过了不久，威尔逊又和该议员碰面了，那位议员与原来判若两人，对威尔逊十分热情、客气，并在竞选中支持了威尔逊。

可以说赞美他人、巧于恭维是博得他人好感、获得他人赞同的一把金钥匙。把赞扬送给别人，就像把食物施给饥饿的乞丐。在许多时候，它就像维生素，是一种最有效果的食物。

无论如何，人总是喜欢别人奉承的。有时，即使明知对方讲的是奉承话，心中还是免不了会沾沾自喜，这是人性的弱点。换句话说，一个人受到别人的夸赞，绝不会觉得厌恶，除非对方说得太离谱了。

赞美，这既是一种至高的说话技巧，也是增进人们之间情感的重要桥梁，把赞语挂在嘴边，你会发现，你的身边不再有敌人。

会赞美的人，走到哪里都受欢迎

人性总是喜赞扬而厌批评，抓住了人们的这一心理，什么事情都好解释；满足了人们的这一心理，什么事情都有可能办成。

会处世者善于抓住不同人的特点，区别对待，抓住对方的"软肋"进行赞美，这就是通常所说的"投其所好"。

布拉格尔电气公司的布朗也用投其所好的办法，使一个拒他于千里之外的老太太，十分高兴地与他做成了一笔大生意，顺利完成了推销用电的任务。那天，布朗走到一家整洁的农舍前去叫门。户主布朗肯·布拉德老太太得知是电气公司的推销员之后，便"砰"的一声把门关闭了。布朗再次敲门，没有一点回应。经过一番调查，布朗又上门了，他说："布拉德太太，很对不起，打扰您了，我不是向您来推销用电的，只是要向您买一点鸡蛋。"老太太的态度这时比以前温和了许多。布朗接着说："您家的鸡长得真好，看它们的羽毛长得多漂亮。这些鸡大概是德国名种吧！能不能卖一些鸡蛋呢？"布拉德太太反问："您怎么知道是德国的鸡呢？"此时布朗十分清楚他的投其所好之计已初见成效了，于是更加诚恳而恭敬地说："我家也养了这种鸡，可像您所养的这么好的鸡，我还从来没见过呢！而且我家的鸡，只会生白蛋。您的邻居也都说只有您家的鸡蛋最好。夫人，您知道，做蛋糕得用好鸡蛋。我太太今天要做蛋糕，我只好跑到您这里来……"老太太顿时眉开眼笑，将布朗迎进屋中。

进屋后，布朗发现这里有整套的奶酪设备，断定男主人定是养乳牛的，于是继续说："夫人，我敢打赌，您养鸡的钱一定比您先生养乳牛的钱赚得还多。"老太太心花怒放，乐得几乎要跳起来，因为她丈夫长期不肯承认这件事，而她则总想告诉大家，养鸡的收入更可观一些，可是没人感兴趣。布拉德太太马上把布朗当作知己，不厌其烦地带他参观鸡舍。布朗知道，他投其所好之计已达到预期的目的了，但他在参观时还是不时发出由衷的赞美。赞美声中，老太太介绍养鸡方面的经验，布朗听得很认真，他们变得很亲近，几乎无话不谈。赞美声中，老太太也向布朗请教了用电的好处。布朗针对养鸡用电需要详细地予以说明，老太太也听得很认真。两个星期后，布朗收到了布拉德老太太的用电申请。

与人办事，有时用直来直去的方法，显然难以奏效。反之，若根据不同谈话对象的特点，将谈话向其感兴趣的方向稍微绕一下，往往可以曲径通幽、渐入佳境，最终达到预期的目的。

有一个周游世界的妇女，无论她走到哪个国家，都会立刻结识一大群朋友。一个青年问她其中的秘密，她说："我每到一个国家，就立刻着手学习这个国家的语言，并且只学一句，那就是美极了或者是漂亮，就因为我会用各种不同的语言表达这个意思，因此我的朋友遍天下。"

是的，"美极了"的确是一个绝妙的词，我们可以对任何一个人用上这个词，也可以用在一餐饭上，甚至一只猫、一条狗的身上。只要一个人的听觉没有失灵，当他听到这个词时，心情一定会快乐许多，所以不要吝啬你的赞美。

别人身上值得赞美的地方数不胜数，纵然是没有特别技艺和才能的人，他们性格上也有或多或少的优点，如豪爽、和蔼、细心、大方等。总之，凡是值得一赞的特征，我们都不妨去赞美一下。

　　不要怕因赞美别人而降低自己的身价，相反，应当通过赞美表示你对人的真诚。请记住这一句话："给活着的人献上一朵玫瑰，要比给死人献上一个大花圈价值大得多。"生活中没有赞美是不可想象的。百老汇一位喜剧演员有一次做了个梦，自己在一个座无虚席的剧院，给成千上万的观众表演，然而，没有赢得一丝掌声。他后来说："即使一个星期能赚上10万美元，这种无人喝彩的生活也如同下地狱一般。"

　　赞美并不是一件容易的事。有些人平时对一切都显出不屑一顾的样子，好像人世间根本不存在值得他赞美的事物。这种人缺乏真情实感，缺乏谦逊的品德。即使口中说出赞美之词，也像是一种虚伪的客套，甚至被人误认为是在讽刺。

　　当你赞美别人的时候，好像用火把照亮了别人的生活，使他的生活更加五彩斑斓；同时，火把也会照亮你的心田，使你在这种真诚的赞美中感到愉快和满足，并推动你对所赞美事物的向往，引导自己向这方面前进。当你向朋友说"我最佩服你遇事能够坚决果断，我能像你这样就好了"的时候，同时也会被朋友的美德所吸引，竭力使自己也能够坚强果断起来。妻子或丈夫要能学会多赞美对方的话，那就等于取得了最可靠的婚姻保险。

　　经常赞美别人的人，胸襟多半是开阔的，心境多半是快乐的，与人的关系多半是和谐的，而他个人的生活也多半是富有生命力的。

掌握赞美法则，避免适得其反

赞美别人是一件好事，但并不是一件简单的事。如果在赞美别人时，欠缺一定的技巧，即便是真诚的赞美，也未必能够取得良好的效果。

制约赞美的因素主要有两方面：

1. 赞美者是否发自内心，是否真诚，因为虚假的赞美是不受欢迎甚至会令人反感的。

2. 被赞美者所得到的赞美是否是他所期望的，是否合情合理，因为不恰当的赞美也不能收到良好的效果。

大体上说，我们赞美别人应注意以下几个原则：

1. 实事求是，措辞得当

在赞语尚未出口时，我们先要掂量一下：这种赞美有没有事实依据；对方听了是否会相信；第三者听了是否会不以为然；一旦出现异议，你有无足够证据来证明自己的赞美站得住脚根。所以，赞美以事实为基础，切不要浮夸。

同时，措辞也要得当。一位母亲赞美孩子："你是一个好孩子，有了你，我感到很欣慰。"这种措辞就很有分寸，即鼓励了孩子，又不会使孩子骄傲。反之，如果这位母亲说："你真是一个天才，在我看到的小孩中，没有一个人赶得上你的。"这样，很可能会令孩子骄傲自满，将孩子引入歧途。

2. 赞美要具体、深入、细致

抽象的东西往往很难确定它的范围，难以给人留下深刻印象，而美的东西应该是看得见、摸得着的，这就是具体。例如，要称赞某人是个好推销员，你可以这样说："老王有一点非常难得，就是无论给他多少货，只要他肯接，就绝不会延期"。

所谓深入、细致就是在赞美别人的时候，要挖掘对方不太显著的、处在萌芽状态的优点。因为这样更能发掘对方的潜质，增加对方的价值感，赞美所起的作用才会更大。

3. 赞扬要真诚、热情

经常看到有人在称赞别人时表现出来的那种漫不经心"你这篇文章写得蛮好的""你这件衣服还不错""你的歌唱得还行"……这种缺乏热诚的、空洞的称赞，并不能使对方感到高兴，有时甚至会由于你的敷衍而引发反感和不满。

如果将上述话语改成"这篇文章写得好，特别是后面一个问题有新意"、"你这件衣服很好看，这种款式很适合你的年龄"、"你的歌唱得不错，不熟悉你的人没准还以为你是专业演员呢"……这些话比空洞的赞扬显然更有吸引力。

4. 将赞美用于鼓励

将赞美用于鼓励，能唤起人的自尊心、上进心。有些人因为第一次接触某件事，劳而无果，这时你应该怎样说呢？暂不管有多大毛病，你首先应该鼓励他："第一次能有这样的成绩，已经不错了。"对第一次登台、第一次比赛、第一次写文章、第一次……的人，你这种赞扬会让人深刻地记一辈子。

大家若想将赞美运用得得心应手，可以参考以下几种方法：

1. 运用对比性的赞美。即把被赞美对象和其他对象相比较，以突出其优点。常用"比××更……"或"在××中最……"等句式表示。俗语说"有比较才能有鉴别"，对比性赞美给人一个很具体的感觉，但也正因为如此，从另外一个角度看，它会产生一个负面，从而容易引起人际关系中的矛盾。所以在比较时就不应该用贬低来代替赞美。

例如，两个学生各拿着自己画的一幅画请老师评价。老师如果对甲说："你画得不如他。"乙也许比较得意，而甲心中一定不悦。不如对乙说："你画得比他还要好。"乙固然很高兴，甲也不至于太扫兴。

2. 运用断语性赞美。即给被赞美者一个总结性的良好评价，语气要恳切。实际上，对别人的工作进行肯定就是一种赞美。但是这种赞美由于是较为全面的、总结性的评价，所以容易流于抽象，与赞美的具体性产生矛盾。赞美者也会给人一种高高在上的感觉，所以它经常和其他的方法结合在一起综合使用。

3. 运用感受性赞美。即赞美者就赞美对象的某一点，表示出自己的良好感受。它体现了赞美的具体性，因为它表示的只是赞美的感受，不受其他条件的限制，所以这种形式能充分发挥其赞美的优势。

4. 间接赞美。即当事人不在场时，说些赞扬他的话。一般情况下，间接赞美的话语都能传达到本人耳中。在日常生活中，如果我们想赞扬一个人，不便对他当面说出或没有机会向他说出时，可以在他的朋友或同事面前，适时地赞扬一番。

据国外心理学家调查，间接赞美的作用绝不比当面赞扬差。此外，直接赞美的度不足会使对方感到不满足，不过瘾，甚至不服气；直接赞美过了头又会变成恭维，而用间接赞美的方法则可以缓和这些矛盾。因此，有时我们与其当面赞扬，不如通过第三者间接去赞美对方。

总结起来很简单。即，我们赞美他人时，措辞一定要适度。适度、恰当的赞美会使被赞美者感到快乐和振奋，而过度、空洞的恭维、奉承，会令对方感到反感、难堪，结果往往适得其反。

赞美应恰如其分，别给人造作之感

赞美别人要恰如其分，不要过分地称赞别人，那会给人一种奉承的感觉。此外，称赞要以平常的口气说出来。假如称赞别人时自己都觉得煽情，那还不如不说为好。善于网织人际关系的人能成大事的特质：懂得适当的赞美，从赞美中获得他人的最佳认同。

把握称赞的要诀，就需要掌握称赞的度，绝不可夸大其词，只有这样才能赢得别人的信任和好感。

美国前国务卿基辛格是个擅长称赞的外交谈判高手，他说："你必须十分敏锐，因为大部分国家领导人都是非常敏锐的，他们不容易被人操纵，却能操纵别人。你得运用你的智慧，去对付一个高智慧的人，还要使他马上感到你的诚意和认真，最后，必须增加他的信心。"因此，在基辛格眼里，所谓称赞是使别人相信他能解决问题的一种方法。

当我们想邀女性约会时，可以适当地赞美她："小姐，你的身段很美，公司有很多女职员但我认为你的工作能力比她们都强，如果我能跟你这样漂亮能干的小姐做朋友，真是我无上的荣幸！"也许当时并没有征得她的同意，但有一点可以肯定，这位小姐的内心里肯定洋溢着喜悦之情，并且会拥有一天的好心情，如果再适当地努力几次，肯定会成功。

这种依据对方某些特点进行的针对性赞美，要比空泛赞美的效果好很多。后者往往没有什么明确的评价原因，因而常引起被赞美者的误会，令对方怀疑你的审美鉴赏能力，觉得你的赞美不可接受，甚至认为你另有所图。而前者因为有特指对象、是实事求是的，故而有效性也高。

称赞别人也可用间接的方式进行，间接赞美即通过第三方将赞美之词传到当事人耳中，这种方式能够增强赞美的真诚性，令赞美的效果更加显著。纵使你的赞美之词并未传达给本人，第三方也会因你在背后赞美而不是诽谤他人，对你的好感倍增。

其实，同样的赞美之词，倘若经由他人之口传达，往往会比直接赞美效果更好。这是因为，当面赞美常会被对方视为外交辞令，而经由他人之口的赞美则显得更具可信性，更能引起对方的重视，赞美的效果便被扩大化了。

此外，正如俗语所云："对症下药，量体裁衣。"赞美也要"因人而异"，对于商业人员，如果说他学问好、品德高、博闻强记、清廉高洁，他不一定高兴，而如果说他才能出众，手腕灵活，现在满面红光、印堂发亮，发财在即，他一定会很高兴。对于政府官员，恭维他生财有道，定发大财，他可能会恨你一辈子，这时应该说他为国为民，淡泊名利，清廉公正。对于教授、教师，说他为人师表，学问渊博，思想深远，妙笔生花，他听了肯定高兴。对什么样的人，说什么样的恭维话。有道是："上山打柴，过河脱鞋。"不要弄得"牛头不对马嘴"，免得好意恭维人家一番，人家还觉得你是"乱弹琴"。

赞美一事，无论直接赞美还是间接赞美，都应让自己的赞词显得恰当、自然，不可太过夸张或是矫揉造作。赞美最佳的效果就是让对方真心感到自己被肯定，如果在词语上不能把握分寸，其结果极易走向反面。

赞美加人创意，别人才真心爱听

一个人有某一方面的优点，必然会常常被人称赞，例如：你看起来很年轻、长得很帅、气质不错、能力不一般等，这些赞词对他而言早已司空见惯，同样的话语或许已然无法令其心动，更不会引起他足够的重视。

所以，如果你想将赞美的效果推向极致，就需要设法使自己的赞美更具创意，至少要与对方常听到的赞美有所不同。因为有创意的说辞总会优先引人注意。

一本书中说，一位将军听到别人称赞他美丽的胡须便大为高兴，但对于别人对他作战方式的赞誉却不放在心上，道理就在于此。大概不少人赞美过这位将军的英勇善战及富于谋略的军事才干，但是他作为一个军人，不论在这方面怎样赞美他，也只是赞歌中的同一支曲子，不会使他产生自豪感。然而，如果你对他军事才能以外的方面加以赞赏，等于在赞词中增加了新的条目，他便会感到无比的满足。可见，在赞美他人时，捧出新鲜的意味来是多么的重要。

有这样一个故事：

在几经电话预约以后，一位商界成功人士终于答应同莉莉见面。莉莉很珍惜这次机会，因为她的目的是让此人成为她们公司产品的代言人。在一般情况下，商界人士是不屑于为其他人做广告的，"我又不是明星，那些出风头的事找别人去做吧！"这是他们的观点。为了在短暂有限的时间内能够说服这位成功人士，莉莉制订了详细的计划。她的计划是：想办法先赢得他的好感，然后努力延长对话的时间，这样才有可能成功。

见到了久负盛名的慕容先生后，莉莉打过招呼，然后微笑着说："您好，我仔细阅读了您的成功经历，您真是一个商界奇才啊！"

慕容先生显得波澜不惊，说："啊，真是奇怪，现在每一个人见到我都这样说。其实，我并不那样认为，这也是我给每一个人的回答。"

"不，不。您太谦虚了，中国像您这样的人物真的太少了。"莉莉唯恐慕容先生不高兴，赶紧又说。

"莉莉小姐，如果你是来跟我说这些的话，那么你可以走了。因为这些话对我没有任何意义，如果我想听这样的话，随便拉一个人进来可能都比你说得好。如果你没有其他的事情了，请不要浪费大家的时间。请原谅我的直白，因为时间对我来说实在是太宝贵了。很抱歉。"

莉莉动了动嘴唇，什么话都没有说出来。

出现这种尴尬局面，是莉莉万万没有想到的，她怎么也没想到自己一番好心赞美，却被对方驳得面红耳赤，自己的真正来意还没来得及表达，就被下了逐客令。我们思考一下，莉莉的问题究竟出在哪呢？其实，根本原因就在于莉莉的赞美太过于普通化，毫无创意可言，甚至让人觉得是在听废话，是在浪费时间。

曾有一位优秀推销员在回忆自己的销售经历时说到，他曾遇到一位奇怪的客户，无论是你夸赞他对于社会做出的贡献还是吹捧他的成就，他都不屑一顾，但你若是夸赞他的胡须与众不同，他便会神采奕奕。

其实，与这位客户有相同心理的人并不少。或许，已经有很多人在他们面前表述过类似内容，因而对于他们而言早已司空见惯，所以你在这方面再怎么赞美他们，也不过是换汤不换药，不会引起他们的注意。

然而，倘若你换个角度，从其经商才能之外的地方入手，则往往会令他们感到欣喜，因为这意味着自己除了明面上的优点以外，还有与众不同之处，他当然会为此感到满足。由此可见，在赞美一个人时，假如一些有创意的想法，绝对会令你事半功倍。

所以，我们在与人交往时，说赞美的话一定要字字珠玑，让人感到如沐春风，赞美别人时如不审时度势，不掌握一定的技巧，即使你是真诚的，也可能会变好事为坏事。就像煲汤，如果火候掌握得不好，那么再好的原材料也不会煲出味道鲜美的汤。只有火候掌握得好，赞美才会散发出最浓郁的香味。

陈词滥调或者不着边际的赞美只会惹人生厌，赞美的直接目的是让对方高兴。如果你不低估人家的智力的话，赞美的话也得有新意才成。这就需要我们细致入微地观察对方，深刻了解对方，发现对方鲜为人知的优点。当然，这种发现显然需在长期、深入的交往中才能完成。

赞美出于真诚，才能将人彻底打动

一个人心存感激和赞誉他人是一种美德，不能发现别人的优点的人，要么无限优秀，要么极度狂妄。我们为什么看不到周围的人的优点呢？既然能看到他们的优点，为什么不能发自内心的赞美呢？发自内心的赞美别人和诚恳地批评别人一样让人欣慰。

不过，有些人的赞美并不是出自真心，而是一种随大溜的表现，他们跟着别人说重复的恭维话，或者附和别人的赞美，这种做法不仅使自己处境尴尬，还会引起被恭维者的反感。

古时候，朱温手下就有一批喜欢鹦鹉学舌拍马屁的人。一次，朱温与众宾客在大柳树下小憩时，无意中说了句："好大柳树！"

宾客为了讨好他，纷纷起来互相赞叹："好大柳树。"

朱温看了觉得好笑，又道："好大柳树，可作车头。"

实际上，柳木是不能做车头的。但还是有五六个人互相赞叹："可作车头。"

朱温对这些鹦鹉学舌的人烦透了，厉声说："柳树岂可作车头！我见人说秦时指鹿为马，有甚难事！"于是他下令把说"可作车头"的人抓起来杀了。

恭维如果是伪装的，会令对方认为是你在溜须拍马，盲目地追随别人的恭维更是如此。

发自内心的赞美别人，首先就要对对方的成绩、作为或某一事迹等，感到由衷地钦佩，真心认为对方了不起，然后再将其表达出来。而毫无诚意的赞美，则只会令对方感到厌恶、反感。此外，赞美不要过分期待回报，若存在这种念头，话一出口明眼人就看得出来，效果往往会适得其反。即便是一个冷眼旁观的人，也会觉得你是个市侩的献媚之人。

其实在生活中，不恰当的颂扬和奉承并不少见，而结果往往只会激起被赞美者的疑虑甚至厌恶。一如雨果所说的那样："我宁可让别人侮辱我的好诗，也不愿别人赞美我的坏诗。"所以我们在赞美他人时，一定要讲究适度，要做到恰到好处，要讲究一定的技巧。

人与人之间相互交往，真诚是最基本的前提。赞美同样如此，如果你的赞美不是出于真诚，就会显得没有依据，因而引起被赞美者的疑惑乃至误解，甚至会引发对方的防范心理，导致交往难以继续。为避免出现这种状况，首先，你从内心中就必须坚信，被你赞美的人确实存在你所赞美的优点，而且你必须出语真诚，勿太夸张，这样才容易让对方接受。要做到这一点，不但需要合适的方式，而且还要具备一定的洞察力和创造性。

譬如，一位举止优雅的妇女对一个朋友说："你今天晚上的演讲太精彩了。我情不自禁地想，你当一名律师该会是多么出色！"这位朋友听了这意想不到的评语后，像小学生似的红了脸，露出无限感激的神态。

没有人不会被真心诚意的恭维所触动。哈佛大学弗尔帕斯教授经历过这样一件事：

有一年夏天，天气又闷又热，他走进拥挤的列车餐车去吃午饭，当服务员递给他菜单的时候，他说："今天那些在炉子边烧菜的小伙子一定是够受的了。"

那位服务员听了后吃惊地看着他说："上这儿来的人不是抱怨这里的食物，便是指责这里的服务，要不就是因为车厢内闷热而大发牢骚。19年来，您是第一个对我们表示同情的人。"

古谚云："精诚所至，金石为开。"当称赞之辞从舌底间流出的时候，很大程度上，言语中包含的真诚百分比已经显露出来，传到被称赞者的脸上或者心中。所以只有真诚的称赞，才能使别人感到称赞者是在发现他的优点，而不是作为一种明显的功利性手段去称赞他，从而使他自觉自愿地"打开"称赞者所需要的"金石"，或者接受称赞者在称赞背后隐藏着的不满，从而达到称赞的最终目的。

把握赞美尺度，莫落拍马之嫌

赞美一定要避开"拍马"的嫌疑，否则，不仅起不到调和人际关系的作用，反而事与愿违。

在办公室共事，一般人往往容易注意别人的缺点而忽略别人的优点及长处。因此，发现别人的优点并给予由衷的赞美，就成了办公室难得的美德。无论对象是你的上级、同事，还是你的下级或客户，没有人会因为你的赞美而动气发怒，一定会心存感激而对你产生好感。

巧妙地运用赞美手法，让你的上级欣赏你，让你的同事帮助你，让你的工作得以顺利完成，为每个人营造一种和谐的办公室气氛，同时不失去自己做人的尊严和修养，事业的成功也就离你不远了。

有一句谚语应该牢记在心："唯有赞美别人的人，才是真正值得赞美的人。"

但在办公室里，有些人的"赞美"总让人感到虚假。他们总像戴着一副面具，不分场合和时间，巴结他遇到的每一个人，什么过头的话他都说得出口。他们认为向上司大献殷勤就能轻而易举地得到提升，而不想通过努力工作而获得成功。

聪明的人并不这样认为。赞美别人并不是工作的全部，只是建立良好的人际关系，使自己的工作得以顺利完成、目的得以顺利实现的一种方法。让周围的人讨嫌、厌烦，对自己有什么益处呢？

　　赞美应该是发自内心的，是自然而然的善意的行为，不需要你绞尽脑汁，处心积虑，也不需要你时时小心谨慎。

　　把每一次赞美当作一次学习的过程，把他人的优点作为自己仿效的榜样，别人也就会很乐意帮助你。同时，在实践中学会更自然地表达自己的好意。

　　对别人的意见不要立即表示赞同，给自己一段时间，表现出你的谨慎和细致，然后给别人进一步表明意见的机会，让他们说服你。这样你的赞同就会显得更具价值。

　　在任何场合，对任何人，都要用适当的方法加以赞美。你可以把它看作是对未来的一笔投资，哪怕是别的部门的领导，或者是你所厌恶的人，也应该对他们的长处加以赞赏。这一样会给你带来回报。

　　赞扬不光是说好话，而是说让人舒心的话，可以采用问候、商量、关心、敬重的口吻。

　　如果你不相信对方，认为对方不值得赞美，就不必去赞美。虚伪的赞美会使自己陷入无法摆脱的困境，而对方也会觉得你在嘲讽而不是赞美他。

　　赞美是调和人际关系的好办法。但当着上司的面直接予以夸赞，既容易发生尴尬又很容易招致周围同僚的反感、轻蔑，从而使自己树敌太多。所以，赞美上司最好是背地里进行，如，在公司的其他部门，上司不在场时，大力地赞美一番，这些赞美终有一天会传到上司耳中的。

　　和上司一起到顾客那里，若都是部属一个劲地抢风头，滔滔不绝，会令上司觉得难堪，难免在心里留下疙瘩。所以，最好的应对方式是细节部分由属下做说明，结论部分由上司来概括。

　　另外，以"经理，您认为如何"征求上司的许可、认同，看似降低自己身份，做了穿针引线的工作，实际上却掌握了谈话的主动权。

在归途中，要感谢上司给你的这个机会，并强调是因为上司的同行，才取得了这样好的效果。日后如果同顾客达成了交易，要再次对上司表达谢意，感谢上司相助。"感谢的话，不嫌多"，反正是不花一分钱嘛，何必要吝惜呢?

诚然，每个人都希望得到别人的认可和欣赏，都希望得到别人的重视，甚至会为此不顾一切。但是，任何一个人都不喜欢接受虚伪的奉承。你偶尔赞一下，会令对方倍受鼓舞，但若老是拍马奉承，则会惹人生厌，所以，赞美时我们一定要把握好这个度。

第五章

趣言悦心

幽默是灵光乍现的惊艳，迷倒了众生一片

有人说，语言的最高境界是幽默。不管怎么说，在短短的问答中能否运用幽默、运用多少幽默，则是衡量语言高下的重要标准。拥有幽默口才会让人感觉你很风趣，有很高的文化素养和丰富的文化内涵，折射出一个人的美好心灵，这样具有魅力的人谁不喜欢呢？

懂幽默的人，更容易接通感情的热线

在现代社会的人际交往中，交往的程度依双方相互间的吸引力而定。富有吸引力的人的主要特征是：友善、热情、开朗、幽默、谦逊、宽厚、富有同情心、乐于助人、聪明能干、仪表端庄、举止文雅。这些特征中最要紧的是"幽默"和"聪明能干"。

在交际场合，富于幽默感是令人羡慕的。妙语连珠、谈笑风生，很容易接通感情的热线。而在某些情况下，幽默还是化解困境的良药。

雅典的首席执政官听说哲学家保塞尼亚斯是个能言善辩的人，于是这位首席执政官便派人把保塞尼亚斯找到贵族会议上来，并对他说："贵族会议的成员，每人都有一个问题要问你，你能用一句话来回答他们所有的问题吗？"

保塞尼亚斯不假思索地说："那要看看是什么问题。"

议员们连接不断地提出了几十个不同的问题。当问题提完后，保塞尼亚斯还是不假思索地回答："我全不知道！"

含笑谈真理，何乐而不为？这位哲学家用幽默式谦虚避免了言多必失的尴尬，避免了为自己惹上麻烦，他也用自己的一句话诠释了笑的哲学。

有人说："笑是力量的亲兄弟。"正所谓笑可以缓解人们的情绪，能表达出人类征服忧患的能力，也能增进人们的友谊、信任和联系，而幽默的笑则是一种有趣的、高尚的、会心的、意味深长的笑。在演说或谈话中，一些就地取材的谐趣语言、灵机一动的理智闪光、不露痕迹插进的成语典故和幽默笑谈，即使讲话者调节了节奏，也使听者缓解了疲劳，从而给人以美的享受。

在人际交往中，当矛盾发生时，对于那些缺少幽默感的人，会把事情弄得越来越糟；而幽默者则能使交际变得更顺利、更自然。幽默是一种优美的、健康的品质，一个善用幽默的人，往往在悲苦时会显得轻松，欢乐时会显得含蓄，危险时显得镇静，讽刺时不失礼，孤独时不绝望。

不仅如此，幽默还可作为一种避免得罪人的"火力侦察"。当一个人准备向自己的友人提出某项要求又摸不准对方态度时，可用幽默之语"放气球"，若对方由于某种原因不能或不愿满足你的要求的话，可以用开玩笑的方式加以推脱，这样就不至于因为拒绝而陷于尴尬境地，双方的自尊心也都不会受到伤害；若以幽默含蓄的方式提出的要求被对方应允了，则可以继而转入进一步的讨论，落实此事就不在话下了。

老舍先生说过："幽默者的心是热的。"幽默的语言能使矛盾的双方摆脱困境，使僵局"稀释"并在笑语中消逝。英国戏剧家萧伯纳堪称幽默大师。有一天，年迈的萧伯纳在街头被一辆自行车撞倒，虽然没发生可怕的事故，但毕竟这一惊吓非同小可。骑车者立即扶起萧伯纳，并连连地大声向他道歉。萧伯纳打断了他，说道："不，先生，您比我更不幸。要是您再加点儿劲，那就可以作为撞死萧伯纳的好汉而永远名垂史册啦！"萧翁这几句戏语使本来紧张的气氛倏地消失于嬉笑之中。

有的幽默能启发人在忍俊不禁的大笑中引起思索，体会到蕴涵的哲理；有的幽默又能在人们嬉笑之后引以为自省。有一次，生物学家格瓦列夫在讲课，突然，一个学生在下面学鸡叫，课堂里顿时一片哄笑。这时，格瓦列夫却镇定自若地看了看自己的挂表，不紧不慢地说："我这只表误事了，没想到现在已是凌晨。不过请同学们相信我的话，公鸡报晓是低等动物的一种本能。"这种"张冠李戴"的幽默式批评，给学生们起到了警策的作用。

此外，幽默还有稳定情绪、减低愤怒、"化险为夷"的功能。在一个团队中，假如即将爆发尖锐的冲突，这时，如果有人插科打诨，运用几句妙趣横生的言辞，则很可能化干戈为玉帛，使剑拔弩张成为过眼烟云，从而避免发生一场"针尖对麦芒"的交锋。

一个人的语言可以像优美的歌曲，也可以像伤人的邪火。幽默机智的话能给人以喜悦满足之感，在社交中适地适时地运用幽默将会使人们的关系更加和谐、亲切。可以说，幽默是人类特有的天赋，幽默与智慧相伴。古往今来，许多智者都不乏幽默感，他们的智慧中蕴含幽默，幽默中含有机智，正如俄国文学家契诃夫所说："不懂得开玩笑的人是没有希望的人！这样的人即使额高七寸、聪明绝顶，也算不上真正有智慧。"

怎样才能成为一个幽默的讲话者呢？简单地讲，就是说话时往往不用陈词套话，而要绕个弯子用俗语、谚语、外来语，或用比喻、比拟、反语、双关、移用等来说话。语言学家林语堂就很风趣："女士们、先生们：我觉得，绅士们的演讲，应该像女人们的裙子，越短越好……"我们日常生活中，只要不满足于"惯性表达"，善于说话前先在脑子里打个"弯"，这时说出来的话也许就俏皮得多。说一个人思想很保守，不听劝，可以说"他呀，榆树疙瘩，不开窍"就风趣得多。

幽默感十足，别人会觉得你魅力四射

幽默是人生智慧的表现，可以凸显人格魅力。幽默和机智不相分离，一个有幽默感的人，更显其人格魅力。

有一位年轻人新近当上了董事长。上任第一天，他召集公司职员开会。他自我介绍说："我是杰利，是你们的董事长。"然后打趣道："我生来就是个领导人物，因为我是公司前董事长的儿子。"参加会议的人都笑了，他自己也笑了起来。他以幽默来证明他能以公正的态度来看待自己的地位，并对之具有充满人情味的理解。实际上他委婉地表示了：正因为如此，我更要跟你们一起好好地干，让你们改变对我的看法。

幽默是口才的极高技巧，它使口才艺术的运用尽显奥妙，它使人际交往变得神奇无比。学习一点幽默口才会让你的沟通变得更为畅通无阻。那么，如何才能让自己说的话更具幽默感呢？

我们需要记住以下两个原则：

1. 幽默必须真实而自然

我们经常看到和听到一些政治家们的幽默言行。他们大多把幽默的力量运用得十分自如，真实而自然。没有耸人听闻，也不哗众取宠，更不是做戏。这是因为，他们都知道太精于说妙语和笑话，对个人的形象并无帮助。

2. 敢笑自己的人才有权利开别人的玩笑

海利·福斯第说："笑的金科玉律是，不论你想笑别人怎样，先笑你自己。"

笑自己的观念、遭遇、缺点乃至失误,有时候,还要笑笑自己的狼狈处境。

有个人对一位公司董事长颇为反感,在一次公司职员聚会上,他突然问董事长:"先生,你刚才那么得意,是不是因为当了公司董事长?"

这位董事长立刻回答说:"是的,我得意是因为我当了董事长。这样我就可以实现从前的梦想,亲一亲董事长夫人的芳容。"

董事长敏捷地接过对方取笑自己的目标,让它对准自己,于是他获得了一片笑声,连那位发难的人也忍不住笑了。

此外,如果你对自己幽默的手法没有足够的自信,不妨学学孩子式的幽默。即使在 50 岁以后,我们也经常为孩子们由天真而产生的幽默所感动。他们是真正以坦诚待人,不会隐瞒任何事实。当他们毫不掩饰地道出心里想的或事实真相时,人们一下子就喜欢上他们,跟他们在一起会感到跟任何人在一起都无法感到的轻松、愉快。

有一次,李卡克在家里请几位朋友吃饭。朋友来了,他妻子要他的小女儿向客人说几句欢迎的话。她不愿意,说:"我不知道要说些什么话。"这时一位来做客的朋友建议:"你听到妈妈说什么,你就说什么好了。"他女儿点点头,说:"老天!我为什么要花钱请客?我们的钱都流到哪儿去了?"李卡克的朋友们大笑起来,连他妻子也不好意思地笑了。

这就是孩子式的幽默。他女儿把母亲的想法以极纯真的方式说了出来,使大人们也不得不认真地检讨一下自己的想法,同时也减轻了我们对金钱方面的忧虑。李卡克从中得到了一点启示:孩子式的幽默能使我们显得格外真诚。

幽之一默比牙尖嘴利更具有说服力

幽默具有无穷的力量，有时甚至会超过伶牙俐齿。幽默的力量可用来释放你自己，使你的精神超脱尘世的种种烦恼。幽默可增加你的活力，使生活多一点情趣。幽默的力量能使你令人难忘，同时给人以友爱与宽容。除此以外，幽默还能润滑现实，超越用其他方法无法超越的限制，委婉表达自己的观点。

公共汽车上，一位老太太不停地打扰司机，汽车每行一小段，她就会提醒司机她要在哪儿下车。司机一直很有耐心地听，直到她后来大叫："但是，我怎么知道我要下车的地方到了没有？"司机说："你只要看我脸上笑开了，就知道了。"

由于他人的妨碍，无法把工作做好，同时对此人又不允许直言冒犯，故而采用委婉的幽默方式便可达到目的，运用幽默的力量便能清扫成功道路上的障碍。

一天，索罗斯敲开邻居家的门："请把您的收录机借给我用一个晚上好吗？"

"怎么，你也喜欢晚间特别节目吗？"

"不，我只想夜里能够安安静静地睡上一觉。"

如果你在处理这些棘手问题时，不敢勇敢地表达自己的看法，而是用一般的方式希望对方主动妥协，往往很难奏效。

林肯对麦克伦将军没能很好地掌握军机深感不满，于是他写了一封信：

"亲爱的麦克伦：如果你不想用陆军的话，我想暂时借用一会儿。"

如果一些人不能把分内的工作做好，又对他人期望值太高，要求太多时，也应该肯定地表达出你的看法，其方式当然曲折、委婉一点好。

有幽默感并且在事业中功成名就的人，会经常接收到来自他人的幽默，同时也常常以幽默的方式回报对方。因此这些人能够在交际中缩短与普通人沟通的距离，其成功的宝座就会越坐越稳。

查理在一家公司工作，他常常在工作时间去理发店。

一天，查理正在理发，碰巧遇见了上司。他想躲，可上司就坐在他的邻座上，而且已经认出了他。

"好啊，查理，你竟然在工作时间来理发，这是违反公司规定的。"

"是的，先生，我是在理发。"他镇定自若地承认，"可是你知道，我的头发是在工作时间长的呀。"

上司一听，勃然大怒："难道都是在工作时间长的吗？"

"是的，先生，您说得完全正确。"查理答道，"可我并没有把头发全部剃掉呀！"

不论语言的正确与否，单就这充满幽默力量的对答就体现出员工的信心与机智，他相信，与自己的上司开个玩笑是在当时情况下处理尴尬局面的最好方式。

与你的下属一起快乐，并不是以你自己为中心，而是以关心他人的方式来邀请他和你一起笑，进而引发足以激励他人的幽默力量。

经理叫新聘女秘书笔录一封信给旅行中的太太。当她把信写好给他看时，他发现漏了最后一句"我爱你"。

经理："你忘了我最后的话。"

女秘书："不！我没有忘记，我还以为你那句话是对我说的呢！"

正如每一位下属把自己的将来交给自己的上司一样，每一位经理和居于领导地位的人，也都把他的将来交在属下的手中。当你运用幽默力量去帮助别人，使之更有成就时，你会发现不仅更容易将责任托付给他人，而且能更自由地去发展有创意的进取精神。幽默的力量能改善你的将来，因为你的属下、同事会认同你，感谢你坦诚开放的态度，和你一起笑，对任何事情都持乐观态度，以轻松的心情面对自己的能力。

职员："老板！"

老板："什么事！"

职员："我老婆要我来要求您提拔我。"

老板："好吧！我今晚回家问问我老婆是否同意提拔你。"

这是以其人之道还治其人之身。幽默的背后蕴含鞭策，通过对自己的取笑来达到激励对方积极向上的目的。

不恰当的幽默，会令别人心生厌恶

再好的东西多了也会贱卖。幽默是大家都喜欢的语言"调料"，但如果放多了，或放的不是地方，恐怕也会"呛嗓子"。

萧伯纳少年时已很懂幽默，人又聪明，所以出语尖刻，人们被他说上一句，便有"体无完肤"之感。有一次，他的一位朋友在散步时对他说：

"你现在常常出语幽默，不错，非常可喜。但是大家总觉得，如果你不在场，他们会更快乐，因为他们都比不上你，有你在，大家便都不敢开口了。自然，你的才干确实比他们略胜一筹，但这么一来，朋友将逐渐离开你，这对你又有什么益处呢？"朋友的这番话，使萧伯纳如梦初醒，从此他立下誓言，改掉滥用幽默的习惯，而把这些天才发挥在文学上，终于奠定了他在文坛上的地位。

人际交往过程中，尖刻伤人的话招人恼，陈词滥调则惹人烦，但同时也不能走向另一个极端：不分对象，不看场合，滥用幽默。幽默的语言都可算"好话"，可好话"坏"说照样收不到好的效果。

我们需要明白的是，幽默并不仅仅是为了博人一笑，而是为了使语言更加丰富，更富于美感，更能促进沟通的和谐。如果你不能正确运用幽默，你的幽默就根本得不到认可，对方对你所表演的幽默根本不会响应，甚至还会把你也看成是一种笑话。

那么，幽默的分寸该如何把握呢？

1. 不挖苦，不嘲笑。挖苦和嘲笑是主观和伤人的，没有人喜欢这样的幽默。在你制造任何恶作剧之前，你应该问问自己：我的受害者能否承受得住？

2. 幽默应适可而止。无休止的幽默，反而会失去幽默的魅力。幽默的语言应该是很精练的，不要唠唠叨叨，啰啰唆唆，说个没完，不要一味地滑稽俏皮，无止境的幽默，否则会使你得一个"小丑"的名声，有损你的形象。

3. 幽默要看清场合，还要把握好时机。可以说幽默话的场合很多，如盛夏纳凉，乘船候车，月下漫步，课余小憩，酒前宴后闲聊等。但不可以幽默的场合也很多，如庄重的会议，或葬礼等。不要不分场合、不分情况的胡乱幽默，否则别人一定会认为你的脑子进了水。

4.别把捉弄人当成幽默。捉弄别人是对别人的不尊重，会让人认为你是恶意的。而且事后也很难解释。它绝不在幽默的范畴之内，是不可以随意乱做乱说的。轻者会伤及你和对方之间的感情，重者会使对方对你产生记恨甚至是报复。

总而言之，使用幽默一方面要看准对象，另一方面还要抓住时机。发挥幽默也需要"素材"，比如场合、情境等，这些就像我们所说的"机遇"一样，可遇而不可求，关键在于我们能否随机应变。

一语双关，含蓄中给人风趣生动之感

说话时，可利用表面上指甲事物，实质上暗示于乙。通过二者对比，形成众人认同的反差，使人心领神会，从而达到幽默的效果。这就是"一语双关"。

双关是一种修辞手法，这种表达方式大多是利用了词语的多义性或词的音同意近现象，故意使某些词语在特定的环境中临时具有双重意义来表达说话者的意思，而听者可以借双关的意义心领神会，从而起到含蓄、生动或幽默、风趣的特殊效果。

双关在汉语中应用历史悠久，并且具有丰富的表现力。人们所熟知的唐代诗人刘禹锡的《竹枝词》中的"东边日出西边雨，道是无晴却有晴"两句就是巧妙地运用了双关语，被广为传诵。有这样一则寓言：

足球对篮球说："老兄，我们本是同一类，为什么你常常被人拍，而我只能被人踢呢？这不公平。"篮球不屑一顾地回答道："小傻瓜，这还不简单么！因为我比你大，你比我小呗。"

这一则寓言运用足球、篮球一个被踢、一个被拍得不同遭遇，暗示了级别不同而形成的差别，幽默而风趣，辛辣地讽刺了现实社会中出现的一种不良风气。

一位中学语文老师在向学生讲授如何修改文章时，巧妙运用双关的表达方式，深入浅出地讲解了修改文章的重要性。他说："每个人的脸皮就是一篇天生的文章。古今中外，许多女人都是非常讲究修改文章的。她们每天早晨起来梳妆，对着镜子，用增白霜反复揣摩，再用高级胭脂、唇膏精心润色，还要用特制的眉笔仔细地修改眉题。甚至于连标点符号也毫不含糊——非要用手术刀将单括号改为双括号不可！你们看，这是何等严肃认真、高度负责的态度啊！"

这番生动形象、风趣幽默的双关语运用，使课堂里充满了笑声，使学生加深了对于修改文章重要性的理解，收到了引人入胜的效果。

一语双关的构成可以分为以下 3 种类型。

1. 语义双关

同音同字之下，一语多义，形成双关。例如人们常说的"穿小鞋"、"上眼药"，在特定的语言环境中都具有双关效果。

2. 谐音双关

两个词语读音相同而意思不同，借用谐音婉转含蓄地表达出说话者的本义。如"道是无晴却有晴"中的"晴"即是"情"的谐音双关。

3. 借义双关

借用一个词语的意思来表达另外一个意义，就构成了借义双关。

例如，有这样一组问答：

问：你怎么看待一些人用"短平快"手法赚大钱？

答：赚大钱既可以"高点强攻"，也可以"短平快"，只要不犯规就行。

"短平快"和"高点强攻"本来都是排球技术术语，有其特定的含义。这里借用以表示经商活动中的一些手段，含蓄而令人深思，属于借义双关。

从前，有个媒婆，她凭一张巧嘴不知使多少青年男女结成了良缘。

一次，她遇到了难题。一位姑娘缺了一块嘴唇，一直嫁不出去；一个小伙子没有鼻子娶不上媳妇。他们虽然容貌各有缺陷，但找对象却都要求对方五官端正。结果，这位巧嘴的媒婆还是把他们说合了。

媒婆对小伙子说："这姑娘没有别的毛病，就是嘴不好！"小伙子想，准是心直口快，爱唠叨，于是说："嘴不好不算大毛病，慢慢她会改嘛！"媒婆对姑娘说："小伙子什么都好，就是眼下缺少点东西。"姑娘听了以为是结婚礼品准备不全，就说："眼下缺少点东西怕啥，我多陪嫁点就是了。"媒婆见双方表示同意，于是叫他们把自己的话写下，以免口说无凭。

在那父母之命，媒妁之言的社会，他们没有见面就这样定下了自己的婚姻大事。到了新婚之夜，真相大白了，双方都指责媒婆骗人，媒婆却拿出字据说："我怕你们不满意这事儿，都清清楚楚、明明白白地告诉你们啦。（对小伙子）我不是跟你说了姑娘嘴不好吗？（对姑娘）我不是告诉你小伙子眼下缺点东西吗？可是你们都同意了，这不，还立了字据呢！怎么能说是我骗人？"两个人都无话可说了。后来这对青年生活得挺美满。

这位媒婆真是有口才，将一对无情却有缘的人牵到了一起。姑娘"嘴不好"，小伙子"眼下缺少点东西"，是利用多义构成双关：按小伙子的理解，姑娘"嘴不好"准是心直口快，爱唠叨，然而，还可表示"兔唇"；按姑娘的理解，小伙子"眼下缺少点东西"，是结婚礼品准备不全，然而，"眼下"的引申义是目前，指说话这个时候，媒婆却用的是它的字面意思，真的是"眼睛下面"。由于两位青年根据自己憧憬的形象，作了理想的理解，因而产生了喜剧效果。

语言自身的特点为"一语双关"创造了条件，利用这种特点，言在此而意在彼，往往会收到独特的表达效果。

自嘲式幽默，能迅速消除彼此间的隔阂

人际交往中，在人前蒙羞，处境尴尬时，用自嘲来对付窘境，不仅能很容易找到台阶，而且多会产生幽默的效果。所以自我解嘲，自己把自己胳肢几下，自己先笑起来，是很高明的一种脱身手段。

作家欧希金也曾以幽默摆脱了一次困境。他在他的《夫人》一书中，写到了美容产品大王卢宾丝坦女士。后来在一次他自己举行的家宴中，一位客人不断地批评他，说他不应该写这种女人，因为她的祖先烧死了圣女贞德。其他客人都觉得很窘，几度想改变话题，但是都没有成功。谈话越来越令人受不了，最后欧希金自己说："好吧，那件事总得有个人来做，现在你差不多也要把我烧死啦。"这句话马上使他从窘境中脱身出来，随后他又加上一句妙语："作家都是他的人物的奴隶，真是罪该万死！"

幽默作家班奇利，在一篇文章中谦虚地谈到他花了15年时间才发现自己没有写作的才能。结果一位读者来信对他说："你现在改行还来得及。"班奇利回信说："亲爱的，来不及了。我已无法放弃写作了，因为我太有名了。"这封信后来被刊登在报纸上，人们为之笑了很长时间。事实是班奇利的幽默作品闻名遐迩，但他没有指责那位缺乏幽默感的读者。他以令人愉悦的、迂回的方式回答了问题，既保护了读者可爱的自尊心，也保护了自己的荣誉。

　　许多著名人物，特别是演员，都以取笑自己来达到双方完满的沟通。他们利用一般人认为并不好看的外貌特征来开自己的玩笑。如玛莎蕃伊的"大嘴巴"。还有一位发胖的女演员，拿自己的体态开玩笑说："我不敢穿上白色泳衣去海边游泳。我一去，飞过上空的美国空军一定会大为紧张，以为他们发现了古巴。"

　　笑自己的长相，或笑自己做得不太漂亮的事情，会使你变得较有亲切感。如果你碰巧长得英俊或美丽，要感谢祖先的赏赐，同时也不妨让人轻松一下，试着找找自己的缺点。如果你真的没有什么有趣味的缺点，就去虚构一个，缺点通常不难找到。

　　当然，自嘲不是自我辱骂，不是出自己的丑。这里要把握分寸。

　　力求个性化、形象性并学会适当的自嘲，往往可以使自己说话变得有趣起来。幽默力量能认同幽默的事物。因此真正聪明的人都会笑自己，也鼓励别人和他一起笑。他们以与人分享人性来给予并获得，你也够能做到。

幽之一默，巧妙化解纷争于无形

人生常常有许多尴尬的时刻，在那一瞬间，我们的尊严被人有意或无意冒犯，或者被喜欢恶作剧者当众将了一军。此时，有的人感到自己丢尽了脸面，无地自容，恨不得找个地缝儿钻进去。可是有些人却不，他们会面不改色，从容自若地谈笑如故，将有伤自己脸面的难局一一化解。

著名电影导演希区柯克有一次拍摄一部巨片，这部巨片的女主角是个大明星、大美人，可她对自己的形象"精益求精"，不停地唠叨摄影机的角度问题。她一再对希区柯克说，务必从她"最好的一面"来拍摄，"你一定得考虑到我的恳求"。

"抱歉，我做不到！"希区柯克大声说。

"为什么？"

"因为我没法拍你最好的一面，你正把它压在了椅子上！"

这就是幽默的力量。

面对别人苛刻的意见和要求，恰当地回敬对方一个幽默，能够巧妙地表明你的看法和立场，而且不至于让场面过分尴尬。同样，当别人故意找茬，妨碍你工作的时候，运用幽默的力量也能够有效地处理好眼前的问题。

幽默是一种智慧的表现和心态的放松，人投身于社会中，总会遭遇无数的痛苦、悲伤以及困苦，如果你善于运用幽默的力量，能够主动地去创造幽默，那么世界一定会充满了欢笑，也可以化解不少的纷争。

有一位男青年去打保龄球。相邻球道有一位美丽的小姐，提着十磅的球就跑去扔。谁想她的纤纤小手根本拿不住，球没有向前飞，而是重重地砸到了这位帅哥的左脚背上！

只见血也出来了，脚也肿了，连指甲也掉了。女孩子吓得直哭，一个劲儿地道歉说对不起，我该死，我第一次打保龄球。

这位帅哥吃力地笑了笑，居然口出幽默："小姐，你再练习练习，一定能次次打全倒，我这么小的指甲盖你都能打中，球瓶那么大还不好打？"

女孩子含着泪又笑了："你这么疼还来安慰我，真是个男子汉！"

帅哥吸口气又说："我不是女人，又不是小孩，当然是男子汉了。"周围的人也被逗乐了。

小姐自然是坚持要送先生去医院，后来又放不下心跑去医院看望。故事的结尾，他们成了一对恩爱的夫妻。

帅哥在他俩的结婚典礼上说了这么一句话："我要是生气骂人，脚还是一样痛；丢了一个指甲盖儿，换回一个好媳妇，我赚了！"

人与人相处，难免磕磕碰碰，遭遇不快，如果我们把人际矛盾比作老鼠，那么幽默就是驱赶老鼠的猫。在紧张忙碌的生活中，一些幽默对话也能减少冲突，带来别样乐趣，还可以让你掌握主动，甚至得到意想不到的收获。

风趣反击，既不让自己受气也不得罪人

幽默可以使人在受气时，以轻松诙谐的方式，理智地回击对方。人们在受气时往往头脑发热失去理智，反击方式往往也是硬邦邦的出言不逊，结果使僵局更僵。幽默则可以使人在处境困难时放松自己，以巧妙的语言体面地给对方以反击，收到既缓和气氛又恰如其分地反击的双重效果。

调皮式的幽默，往往化干戈为玉帛，使事态向良好的方向发展。这种反击方式，不是针锋相对，剑拔弩张，而是轻松谐趣，话语中透着善良、真诚和理解。言语心传，双方会意，在哈哈一笑中皆大欢喜。反击变成了逗笑，唇枪舌剑之争就巧妙躲过。因此，幽默是一种与人为善的积极反击方式。

冬季的北京寒气袭人，各家商店门口都挂着厚重的棉帘子。由于进出者一里一外，相互看不见，如果两人同时掀棉帘子，相撞之事自然在所难免。一天，一位小伙子正掀棉帘子准备进去，恰好里面一位小姐也在掀棉帘子准备出来，同时迈出了脚。姑娘一脚踩在小伙子鞋上，冷不防打了个趔趄，不禁哎哟一声惊叫。小伙子忙伸手扶住并说了一声对不起，让开了道，让小姐先出来。小姐出门后，看了小伙子一眼，说："你是怎么走路的！"咄咄逼人的责问令小伙子一时语塞。在门口踩脚本来双方都有责任，自己已友好地道歉了姑娘还不放过，小伙子也有些急了。但他转念一想，人家是斯斯文文的小姐，踩了小伙子的脚已有些不好意思，何况又在众目睽睽中被他扶住，更是不好意思。只是姑娘因自己的失态心中恼火，便不经意地把气撒到了这位"肇事者"身上。如此一想，顿时怒气全消，笑着说道："对不起，我是用脚走路的，刚才吓着您了。"小姐一愣，随即扑哧一笑，"你这个人说话真逗，这不能怪你，主要是我没看见，脚也伸得快了一点，对不起踩了你。"小伙子对姑娘的反击，完全是友好的。人用脚走路是正常的，怎么会吓着别人？小伙子以自己的幽默，巧妙地告诉小姐，是我的脚害了你，暗示自己对她的理解和尊重。姑娘由责问到道歉，一场口舌之争得以避免，全靠了小伙子善意的幽默。

先承后转，在自我打趣中暗藏机锋，令对方猝不及防。这种方法往往用于一些不适宜顶撞的场合或人。有时候，我们会置身于一种这样的尴尬境地：对方有意或无意地伤害了你，但对方是一位领导，你虽然受了气面子上还得过得去。或者，碍于你的身份、地位，不宜直截了当地予以驳斥，但心中的确又非常不满。这时，不妨先以漫不经心、自我解嘲的口吻说几句顺着对方思路的话。最后话锋一转，得出一个令对方大出意外的结论。既活跃了气氛，又缓解了尴尬局面。这种方式，一波三折，很有攻击力量，让对方措手不及，又不失自己或对方的面子。对方最后只能干笑两声了之。

萧伯纳的著名剧作《武器与人》初次演出，大获成功。应观众的热烈要求，萧伯纳来到台前谢幕。此时，却从座位里冒出一声高喊："糟透了！"整个剧场立刻鸦雀无声，空气似乎凝固了一般。面对这种无礼的行为和紧张的局面，萧伯纳微笑着对那人鞠了一躬，彬彬有礼地说道："我的朋友，我同意你的意见。"他耸了耸肩，看了看刚才正热烈喝彩的其他观众说："但是，我们俩反对那么多观众又有什么用呢？"顿时，观众中爆发出了更为热烈的掌声和喝彩声。在这种情况下，对对方无礼的行为予以必要的回击，既是维护自己尊严的需要，也是讽刺对方、批判错误的正当行为。但怒气冲冲地回击和辩论都不可取，最理想的方法是幽默地回敬。萧伯纳的话语温文尔雅，表面看来似乎是对对方表示理解，细细体味一下，则是一种强有力的反击。

总之，幽默作为化解自己受气局面的积极反击方式，其根本特征就是具有准确的行为界限。它的有效性就在于能够根据周围环境，预测自己的行为后果，据此确定自己反击的方式和反击的分寸，使之有礼、有节。

一不小心就感染人心的幽默实用技巧

诚然，谁都想把话说得幽默风趣，让听话者听得乐呵呵的，大家都开心，既表达了意思，又融洽了人际关系。但做到说话幽默，除了要求说话者见多识广、豁达乐观之外，还必须掌握一定的技巧，

1. 对比是造成幽默的基本方法之一

通过对比可以揭示事物的不一致性，使用对比句是逗笑的极好方法。古罗马政治家西塞罗就常用这一方法，比如：

"先生们，我这个人什么都不缺，除了财富与美德。"

2. 反复也可以成为一种幽默技巧

反复申说同一语句，能够产生不协调气氛，从而获得幽默效果。比如牛群的一段著名相声中的"领导冒号"。

3. 故意啰唆

画蛇添足也能引人发笑。如马季的相声名段《打电话》，主要用的就

是这种技巧。

4. 巧用歇后语

歇后语也是一种转折形式，它分为前后两部分，前面部分一出，造成悬念，后面部分翻转，产生突变，"紧张"从笑中得到宣泄。如："三九天穿裙子——美丽动（冻）人"。

5. 倒置

通过语言材料变通使用，把正常情况下人物关系的本末、先后、尊卑等在一定条件下互换位置，能够产生强烈的幽默效果。如有语字的倒置，"连说都不会话"。

6. 倒引

比较常用的幽默方法是倒引，即引用对方言论时，能以其人之语还治其人之身。如老师对吵闹不休的女学生说："两个女子等于一千只鸭子。"

不久，师母来校，一个女学生赶忙向老师报告："先生，外面有五百只鸭子找您。"

7. 转移

当一个表达方式原是用于本义，而在特定条件下扭曲成另外的意义时，于是便获得幽默效果。

空姐用和谐悦耳的声音对旅客命令道："把烟灭掉，把安全带系好。"

所有的旅客都按照空姐的吩咐做了。过了 5 分钟后，空姐用比前次还优美的声音又命令道："再把安全带系紧点吧，很不幸，我们飞机上忘了带食品。"

8. 夸张

运用丰富的想象，把话说得张皇铺饰，也能收到幽默效果。大家比较熟悉的幽默"心不在焉的教授"，也是运用了夸张这一手法的。

教授：为了更确切地讲解青蛙的内脏结构，我给你们看两只解剖好了的青蛙，请大家仔细观察。

学生：教授！这是两块三明治面包和一个鸡蛋。

教授（惊讶地）：我可以肯定，我已经吃过午餐了，但是那两只解剖好的青蛙呢？

9. 天真

弗洛伊德就曾把天真看成是最能令人接受的滑稽形式。

一位妇人抱着一个小孩走进银行。小孩手里拿着一块面包直伸过去送给出纳员吃，出纳员微笑着摇了摇头。"不要这样，乖乖，不要这样。"那个妇人对小孩子说，然后回过头来对出纳员说："真对不起，请你原谅他，因为他刚刚去过动物园。"

第六章

谏言规心
运用之妙存乎一心，批评本身也是美文

批评是一个敏感的话题，哪怕是轻微的批评，都不会像赞扬那样使人感到舒畅。想批评人还不得罪人，这的确是很难做到的事，所以一般聪明的人都不会轻易指责别人，除非迫不得已。批评绝对是一门口才艺术，讲出别人的错误还要让别人心服口服地接受，不怨恨你，这显然是需要运用一定心理沟通技巧的。

没人喜欢批评，除非你用些手段

没有人喜欢听批评的话，当面的、直接的批评会使对方产生抵触的心理，从而影响了批评的效果。

很多时候，当面指责别人，就会造成对方的顽强反抗；而巧妙地暗示对方注意自己的错误，他则会真诚地改正错误。

最善于布道的彼德牧师去世了。接下来的星期日，艾鲍德牧师被邀登坛讲演。他尽其所能，想使这次讲演有完美的表现，所以他事前写了一篇讲演的稿子，准备到时应用。他一再修改、润色，才把那篇稿子完成，然后，读给他太太听。可是这篇讲道的演讲稿并不理想，就像普通演讲稿一样。

如果他太太没有足够的修养和见解，一定会直接说出这篇稿子糟透了，绝对不能用，因为它听起来就像百科全书一样枯燥无味。当然可以向她丈夫这样说！试想一下，这样说，后果又会如何呢？

那位艾鲍德太太，因为她知道间接批评别人的好处，所以她巧妙地暗示她丈夫，如果把那篇演讲稿拿到北美评论去发表，确实是一篇极好的文章。也就是说，她虽然赞美丈夫的杰作，同时却又向丈夫巧妙地进行暗示，他这篇演讲稿，并不适合讲道时用。艾鲍德明白了他妻子的暗示，就把他那篇绞尽脑汁所完成的演讲稿撕碎。他什么也不准备，就去讲演了。

马戏团里的驯兽师的驯兽方法通常是一手拿着鞭子或电棍，另一只手里拿着野兽爱吃的东西，西方人把这种方法叫作胡萝卜加大棒，其实就是先赞扬后批评。

有一回，美国总统柯立芝批评女秘书。柯立芝对她说："你今天穿的这件衣服真漂亮，你真是一位迷人的年轻小姐。"这可能是沉默寡言的柯立芝一生中对秘书的最大赞赏。这话来得太突然了，因此那个女孩子满脸通红，不知所措。接着柯立芝又说："你很高兴，是吗？我说的是真话。不过另一方面，我希望你以后对标点符号稍加注意一些，让你打的文件跟你的衣服一样漂亮。"

试想，如果柯立芝直接批评秘书，甚至贬损她，说她的工作怎样的不认真，连标点符号也随便丢掉，你再有这样的失误我就停了你的薪水，等等，这样像爆竹一样的批评效果肯定会使秘书陷入困境，她可能会因此大哭一场，甚至闹起情绪，工作效率肯定还会受到影响。

中国有句俗话叫"打一巴掌，给个甜枣吃"，意思是批评之后要做好善后工作，减少负面效应，简而言之就是先批评后安抚。

某公司一位在职的干部介绍说：某次他犯一个错误而惹怒了董事长，当他一进入办公室，就见董事长气急败坏地拿起一支火钳死命地往桌面拍击，一面对他破口大骂，他被骂得十分不是滋味，正欲悻悻地离去时，突闻董事长说道：

"等等！刚才因为我太过于生气，不小心将这把火钳弄弯了，所以麻烦你费点力把它弄直好吗？"

他在无奈之下只好拿了把铁锤拼命地敲打，而他的心情也随着这敲打声而逐渐平静，当他将敲直了的火钳交给董事长时，董事长看了看便说：

"嗯！比原来的还好，你真不错！"然后就高兴地笑了起来。气氛马上缓和下来，两人的情绪得到了控制。

事情发生后不久，董事长便悄悄地拨了电话给这位干部的妻子说：

"今天你爱人回去时，可能脸上显出不高兴，希望你能好好地照顾他。"

本来这位干部在受了上级的责备后，便想即刻辞职不干，但董事长的做法，反而使他十分感动，而且决心好好工作。

领导在批评下属时，常常会控制不住自己的情绪，以至于批评得有些过火，严重挫伤了下属的感情。此时，领导就要做好善后的安抚工作，尽量及时地控制住自己的情绪，并当面采取措施暗表歉意和鼓励，以便缓和对方的反感情绪。尤其是等到下属心怀不快地离去后，领导更应该在下属的同事、家人、朋友等身上做做文章，通过他们之口传达自己的歉疚之情与关爱之意，让下属感到领导心里是真正装着他们的，而自然而然地消去怒气，审视自己。

对比一下，"胡萝卜加大棒"和"打一巴掌，给个甜枣吃"还是有区别的。比如说如果柯立芝先对女秘书进行一通批评再夸奖她，恐怕他的秘书就承受不了了，同理，如果拿这位董事长先对下属进行赞扬再进行批评，他的批评可能就像隔靴搔痒一样起不了什么作用。因此，批评人首先要看对象以及事情的大小，之后再因人、因事而异地进行批评。

坏话好说不恼人，甜口良药也治病

我们要劝阻一件事，应躲开正面批评，这是必须要记住的。如果有这个必要的话，我们不妨旁敲侧击地去暗示对方，对人正面的批评，会毁损他的自信，伤害他的自尊，如果你旁敲侧击，对方知道你用心良苦，他不但会接受，而且还会感激你。

运用之妙存乎一心，批评本身也是美文

　　德皇威廉二世在位时，目空一切，高傲自大。他建设陆、海军，欲与全世界为敌。

　　于是，一件惊人的事情发生了！德皇说了一些令人难以置信的话，震撼了整个欧洲，甚至影响到世界各地。最糟的是，德皇把这些可笑、自傲、荒谬的言论，在他做客英国时，当着群众的面发表出来。他还允许《每日电讯》照原意在报上公开发表。

　　例如，他说自己是唯一一个对英国感觉友善的德国人；他正在建造海军来对付日本的危害。德皇威廉二世还表示，凭借他的力量，可以使英国不屈辱于法、俄两国的威胁之下。他还说，由于他的计划，英国诺伯特爵士在南非才能战胜荷兰人。

　　在百年来的和平时期，欧洲没有一位国王会说出这样惊人的话来。届时，欧洲各国的哗然、骚动蜂拥而至。英国人非常愤怒，而德国的那些政客们，更是为之震惊不已。

　　德皇也渐渐感到了事态的严重，可是，"君无戏言"！说过的话又怎能轻易挽回？于是，为了解脱自己，德皇只能慌慌张张地请布诺亲王代他受过，宣称那一切都是他的责任，是他建议德皇说出那些话来的。

　　可是，布诺亲王却认为，德国人或英国人是不会相信这是他的主意。布诺亲王说出这话后，马上发觉自己犯了一个严重的错误。果然，这激起了德皇的愤怒。

　　他大为恼火，德皇认为布诺亲王在辱骂他，说自己连他都不如。

　　布诺亲王原本知道应该先称赞，然后才指出他的错误，可是为时已晚了。他只有做第二步的努力：在批评后，再加以赞美。结果，奇迹立刻出现了。

　　布诺亲王紧接着开始夸奖德皇，说他知识渊博，远比自己聪明。

　　德皇脸上慢慢地露出笑容来，因为布诺亲王称赞了他。布诺抬高了他，贬低了自己。经布诺解释后，德皇宽恕了他，原谅了他。

布诺亲王用几句称赞对方的话，就把盛怒中傲慢的德皇，变成了一个非常热诚的人。

指责别人之前或之后承认自己无知、少知为智者明智之举。这既可使人看出其修养深度，又可令人容易接受；反之，自我感觉良好、咄咄逼人者，会给人一个蛮横无理的印象。

没有人愿意挨批，无论你说得有多正确，所以批评经常会引发一些负面效应。但是，有些人却能够恰当地掌控批评方法与尺度，使批评达到春风化雨、甜口良药也治病的效果。

美国南北战争时期，属下向林肯总统打听敌人的兵力数量，林肯不假思索地答道："120万~160万之间。"下属又问其依据何在，林肯说："敌人多于我们三四倍。我军40万，敌人不就是120万~160万吗？"

为了对军官夸大敌情、开脱责任提出批评，林肯巧妙地开了个玩笑，借调侃之语嘲笑了谎报军情的军官。这种批评显然比直言不讳地斥责要好多了。

其实，很多时候批评的效果往往并不在于言语的尖刻，恰恰在于形式的巧妙，正如一片药加上一层糖衣，不但可以减轻吃药者的痛苦，而且使人很愿意接受。批评也一样，如果我们能在必要的时候给其加上一层"外衣"，也同样可以达到"甜口良药也治病"的目的。

掌握批评原则，才能减少负面效应

在进行批评的时候，一定要讲究方式、方法，否则就难以达到预期的效果。因此，批评也要遵循一些基本的原则。

1. 体谅对方的情绪，取得对方的信任

这是使批评达到预期效果的第一步。"心直口快"作为人的一种性格来说，在某些方面的确可体现出它的优点，但在批评他人时，"心直口快"者往往不能体谅对方的情绪，图一时"嘴快"，随口而出，过后又把说过的话忘了，而在被批评者的心理上却蒙上了一层阴影，同时也失去了对批评者的信任。所以当你在批评他人时，不妨学会从别人的角度来看问题，设身处地地站在对方的立场考虑一下，自己是否能接受得了这种批评。如果所批评的话自己听来都有些生硬，有些愤愤不平，那么就该检讨一下措辞方面有何要修改之处。

另外，也要考虑场合问题。不注意场合的批评，任何人都不会接受的。

2. 诚恳而友好的态度

批评是一个敏感的话题，哪怕是轻微的批评，都不会像赞扬那样使人感到舒畅，而且，批评对象总是用挑剔或敌对的态度来对待批评者。所以，如果批评者态度不诚恳，或居高临下、冷峻生硬，反而会引发矛盾，产生对立情绪，使批评陷入僵局。

因此，批评必须注意态度，诚恳而友好的态度就像一剂润滑剂，往往能使摩擦减少，从而使批评达到预期效果。

3. 只说目前，不提过去

批评并不是回顾过去，而应该站在如何解决当前的问题、将来如何改进的立场上进行，最重要的是将来，而不是过去。

重视现在，而不是过去。不追究过去，只将现在和将来纳入需要解决的问题，亦即不责备已成的结果，而是对今后如何做有所"鼓励"，这样的批评法才是理想、得当的说服法。

4. 只论此事，不涉其他

如果一次批评许多事情，不仅使内容相互抵消，而且还可能把不住重点，同时也容易使受到批评的人意志消沉。

在现实生活中，尤其是面谈时很容易出现这种情形，日常的工作场合说话的机会很少，所以便趁面谈的机会把过去的一切和盘托出，因此会产生对抗的心理。为了有效地说服，应该尽量避免这样的情形出现。

5. 人员为一对一，莫让他人听到

这是因为批评时若有他人在场，被批评者会有屈辱感，因此心生反抗，只会找理由辩解，而无心自省，也就无法产生效果。因此，不到不得已，尤其不要当众批评部下，除非是与自己有信赖关系的部下。

6. 别用批评来发泄心中的不快

所谓的"批评时不可加入感情"，意思是说责备别人时要公事公办，不要混杂私人的不快感情，而应是进行冷静的批评。可是，批评是人的感情行为，不可能脱离感情，那种如同戴面具的批评是令人生厌和有违自然的。因此，如何正确地表现感情就成为批评中重要的一环。换句话说，透过批评表现出自己的感情并打动下属的心，才是有成效的批评说服。

批评的目的是为了激励，也是为了帮助别人认识到他自己认识不到的错误和缺点。批评者要想让被批评者认识到批评的价值，就必须尽量避免正面的批评，因为正面的批评会伤害被批评者的自尊和自信。不妨旁敲侧击地去暗示对方，对方会理解你的用心良苦，结果不但不会抵触，而且还会感激你。即使你对他人进行了正面的、直接的甚至是尖刻的批评，切记要及时地安抚被批评者，减少批评造成的负面影响。

杜绝武断批评，给人解释的机会

人们常犯把自己的意志强加到别人身上的毛病，不管你的地位有多高，与人说话把人置于等而下之的地位，自然对方不会服你。要想使批评真正发挥作用，就应先了解一下别人是怎么想的。

如果你不同意他的看法，你也许会很想打断他的讲话。实际上这时候你更需要耐心地听着，抱着一种开放的心胸，要做得诚恳，让他充分地说出他的看法。

只是，很多人在努力想让别人同意自己的观点时，常不自觉地把话说得太多了，尤其是推销员，常犯这种错误。要尽量让对方说话，因为，他对自己事业和他的问题，了解得比你多。即使你在批评别人的时候，也要向对方提出问题，让对方讲述自己的看法。

尽量让对方讲话，不但有助于处理商务方面的事情，也有助于处理家庭里发生的矛盾。

瓦妮萨和女儿卡戴珊的关系迅速恶化，卡戴珊过去是一个很乖、很快乐的小孩，但是到了十几岁以后却变得很不合作，有的时候，甚至于喜欢争辩不已。瓦妮萨太太曾经教训过她、恐吓过她，还处罚过她，但是都收不到效果。

一天，瓦妮萨太太放弃了一切努力。卡戴珊不听她的话，家务事还没有做完就离家去看她的女朋友。在女儿回来的时候，瓦妮萨太太本来想对她大吼一番，但是她已经没有发脾气的力气了。瓦妮萨太太只是看着女儿并且伤心地说："卡戴珊，为什么会这样？"

卡戴珊看出妈妈的心情很糟糕，于是用平静的语气问瓦妮萨太太："您真的要知道吗？"

瓦妮萨太太点点头，于是卡戴珊便告诉了妈妈自己的想法。开始还有点吞吞吐吐，后来就毫无保留地说出了一切情形。

原来，瓦妮萨太太从来没有听过女儿的心里话，她总是告诉女儿该做这该做那。当女儿要把自己的想法、感觉、看法告诉她的时候，她总是打断她的话，而给女儿更多的命令。

瓦妮萨太太开始认识到，女儿需要的不是一个忙碌的母亲，而是一个密友，让她把成长所带给她的苦闷和混乱发泄出来。过去自己应该听的时候，却只是讲，自己从来都没有听她说话。

从那儿以后，每当瓦妮萨太太想批评女儿的时候，就会先让女儿尽量地说，让女儿把她心里的事都告诉自己。她们之间的关系大为改善，不需要更多的批评，女儿会主动地与妈妈和谐合作。

让对方多多说话，试着去了解别人，从他的观点来看待事情，就能创造生活奇迹，使你得到友谊，减少摩擦和困难。

别人也许是完全错误的，但他并不认为如此。因此，不要责备他，应试着去了解他。

别人之所以那么想，一定存在着某种原因。查出那个隐藏的原因，你就等于拥有解答他的行为或是他的个性的钥匙。

在现实生活中，常会有这样的情况发生：下属不小心犯了一个错误，上司仅凭自己了解的情况就对下属的行为做出评价和责备，当下属欲申辩之时，上司更是怒火中烧，心想："你犯了错还找借口？"于是，对下属大喝一声："住口！"可以想象，下属此时是多么委屈与愤恨。或许，事后你也会感到自己的行为过火，甚至会放下身段去向下属道歉，但这并不能完全弥补下属心中的创伤。

其实，不给犯错之人解释的机会，对其而言亦是一种伤害。经常被喝令"住口""不需要解释"的人，久而久之就会放弃为自己辩解的权利。由此，他们即使背负很大的委屈，也会选择一个人压抑地承受着，这样的状况可能会使其心理产生问题。

不给对方解释的机会，武断地指责对方，会使对方对你丧失信任感，甚至会使对方产生抗逆心理——你不喜欢他做什么，他就偏要做什么。这难道是你批评的目的吗？所以我们在批评他人时，一定要给对方解释和申诉的机会，这是一种人性化的体现，更是每个人应有的权利。

不管他是不是真的错了，首先给他一个解释的机会。即，尽量做到无不断地批评、不粗暴地指责，而是弄清事情的前因后果、来龙去脉，再给予必要的帮助和指导，这才是关心的正确表现。

点化式暗示，可以让批评更动听

当面指责别人，这会造成对方顽强的反抗；而巧妙地暗示对方注意自己的错误，他会真诚地改正错误。

华纳梅克每天都到费城他的大商店去巡视一遍。有一次他看见一名顾客站在柜台前等待，没有一个人对她稍加注意。那些售货员在柜台远处的另一头挤成一堆，彼此又说又笑。华纳梅克不说一句话，他默默站到柜台后面，亲自招呼那位女顾客，然后把货品交给售货员包装，接着他就走开了。这件事让售货员感触颇深，他们及时改正了服务态度。

官员们常被批评不接待民众。他们非常忙碌，但有时候是由于助理们过度保护他的主管，为了不使主管见太多的访客，造成负担。卡尔·兰福特，在佛罗里达州奥兰多布当了许多年的市长。他时常告诫他的部属，要让民众来见他。他宣称施行"开门政策"。然而他所在社区的民众来拜访他时，都被他的秘书和行政官员挡在了门外。

这位市长知道这件事后，为了解决这个问题，他把办公室的大门给拆了。这位市长真正做到了"行政公开"。

若要不惹火人而改变他，只要换一种方式，就会产生不同的结果。

确实那些直接的批评会令人非常愤怒，间接地让他们去面对自己的错误，会有非常神奇的效果。玛姬·杰各提到她如何使得一群懒惰的建筑工人，在帮她盖房子之后清理干净现场。

最初几天，当杰各太太下班回家之后，发现满院子都是锯木屑子。她不想去跟工人们抗议，因为他们工程做得很好。所以等工人走了之后，她跟孩子们把这些碎木块捡起来，并整整齐齐地堆放在屋角。次日早晨，她把领班叫到旁边说："我很高兴昨天晚上草地上这么干净，又没有冒犯到邻居。"从那天起，工人每天都把木屑捡起来堆好放在一边，领班也每天都来看看草地的状况。

在后备军和正规军训练人员之间，最大不同的地方就是理发，后备军人认为他们是老百姓，因此非常痛恨把他们的头发剪短。

陆军第542分校的士官长哈雷·凯塞，当他带领了一群后备军官时，他要求自己解决这个问题，跟以前正规军的士官长一样，他可以向他的部队吼几声或威胁他们。但他不想直接说出他要说的话。

他开始说了："各位先生们，你们都是领导者。你必须为尊重你的人做个榜样。你们该了解军队对理发的规定。我现在也要去理发，而它却比某些人的头发要短得多了。你们可以对着镜子看看，你要做个榜样的话，是不是需要理发了，我们会帮你安排时间到营区理发部理发。"

结果是可以预料的，有几个人自愿到镜子前看了看，然后下午就到理发部去按规定理发。次晨，凯塞士官长讲评时说，他已经看到，在队伍中有些人已具备了领导者的气质。

照顾别人面子，替人搭好台阶

"爱面子"是人的共性，也正因为"爱面子"，很多人即便做错了事，也坚决不会承认，更不允许别人当面戳穿。可是，如果明知道他人有过失，又不及时予以纠正，岂不是等于纵容他继续犯错？但若单刀直入，施行"无麻醉手术"，又有可能导致对方产生逆反心理，导致错误加剧。如此，沟通显然不会达到好的效果。

有这样一则案例：

有一个公司老总要宴请一个重要客户，让新来的行政主管作陪。饭局定在市中心最高档的酒店里，与宴者都是些重要客户，宾主之间把酒言欢，其乐融融。酒至半酣，一个客户将手搭在老总的肩上，略带醉意地说："五花马，千金裘，呼儿将出换美酒！酒真是个好东西，也难怪诗仙杜甫连好马也不要了。"听了客户的话，有的说客户说得有道理，也有的说客户真是高雅之人……突然，新来的行政主管大声说："老兄，不对吧，什么时候诗仙变杜甫了。"众人停顿了一秒，客户的脸变成了猪肝色，老总见势头不对，连忙端起酒杯，岔开话题："管他什么诗仙不诗仙的，我们干了这杯，大家都是酒仙。"于是大家都频频举杯，将事情一带而过，新来的行政主管还在那里跟身边的人说谁是诗仙，谁是诗圣的，老总的脸色越来越难看。

饭局刚散，老总就对新来的行政主管说："不是所有的事情都是商务谈判，日常小事又不是什么原则性问题，出点错误大家一笑带过就好，何必咄咄逼人呢？为什么我们一定要找出一个证据，去指责别人的错误呢？你这样做会让别人对你产生好感吗？你为什么不能给他留一点点面子呢？他并不想征求你的意见，也不想知道你有什么看法，你又何必去跟他争辩呢？你应该给别人留一个台阶！"

像行政主管这样的人是很不招人喜欢的，人际沟通不是学术交流，没有必要那么较真！生活中，我们应该豁达一点，给别人一个台阶，别人自然心中有数。

汤姆刚搬到一个新地区，发现邻居养了只大猎犬，平常总是放任它在附近乱晃。

虽然这只猎犬性情温驯，不过自己的小孩看见它总会感到害怕，所以除了待在院子里，哪都不敢去。于是，汤姆决定去拜访猎犬主人。

"您好，我是您的邻居汤姆，我想和您商量一些事情。您的狗很健康、非常活泼，不过我们家小孩看到就会害怕，不敢出门，我怎么讲都没用。所以想请您帮个忙，下午5点到6点之间，能不能暂时让您的猎犬待在家里，这样我们家小孩就可以出来玩。6点以后，我会叫小孩回家吃饭，之后您的猎犬就又可以随意散步了。希望您能体谅这种情况……"

这位邻居听完汤姆的话之后，点点头，表示按汤姆的话去做。

　　汤姆之所以能让邻居接受自己的意见，是因为他首先赞美了邻居的猎犬，赢得了邻居的好感，然后才说出自己的孩子害怕小狗、不敢出门的事实，最后提出完整的、无损双方利益的解决方案。从始至终，他都在用商量的语气和邻居交涉，可谓给足了对方面子，因此二人才能顺利地达成了共识。试想，如果汤姆开口就抱怨邻居放纵猎犬游逛，导致自己的孩子不敢出门，而后再强硬要求邻居将狗拴好，事情又会变成怎样呢？

　　在人际交往中，"替人搭台阶"是一个很重要的环节，尤其面对身份、地位高于自己的人物，进忠言是绝对不能逆耳的，不动声色地为对方递上一块"下马石"，不但能达到预期的目的，对自己而言也是一种保护。

　　诚然，有些话必"直"才能见效，但生活中未必处处都要"单刀直入"，尤其是在劝诫之时，若能既让对方听出弦外之音，又不伤彼此和气，效果岂不是更好？

　　毋庸置疑，绝大多数情况下，我们的批评都是善意的，是发自肺腑地希望能够帮助对方改正某些错误，但往往因为措辞不当，令对方怒目相向，批评教育的目的因此也宣告破产。所以，当我们准备批评人时，不妨先停下来，思考一下采取什么样的方式，才能达到批评、教育，又不伤害人的效果。

　　其实绝大多数人都有这样的心理，自己做错了事，却没有承认的勇气，当别人直言说破时，往往会表现出强烈的反抗情绪。为了让对方知错改错，我们可以找一个合理的理由，给对方留下余地，让其在反省中认识并改正自己的错误。

正话反说，委婉地点醒对方

假设这样一种情景：

公交车上，一位腿脚不方便的乘客随着车体的摇晃，趔趔趄趄。这时，乘务员开口了："喂，小伙子，你坐的是老弱病残专用席，麻烦你给这位腿脚不利索的乘客让个座！"大家想想，此语一出，乘客会有何种反应？显然，不仅让座者心里不舒坦，同时受助者也会陷入尴尬。

倘若乘务员能够换一种说法——"大家好，XX 公交车为方便乘客，专设了特殊席位，如果您发现身边有人身体不舒服，请主动帮助他一下，XX 公交公司在此向您表达谢意。"如此一来，效果是不是要好很多呢？

很多时候，我们说话的出发点是好的，但话一出口，却又让人难以接受。究其根由，主要是因为我们没有注意说话的场合、对象，以及言语的刺激性。正所谓直言逆耳，词锋过于直白、尖锐，非但不能达到预期效果，反而可能会令你陷入尴尬境地。因此，在与人交流时，我们不妨多留点心眼、玩点心计，给言语一个缓冲的余地，用委婉去软化对方，让听者在比较舒坦的氛围中接受你的信息。

"声东击西"是委婉说话中常用的一种计巧，多用肯定的方式表达否定的意思。这种说话方式委婉含蓄，即可避免正面冲突，又能巧妙地表达真意，往往能够取得意想不到的效果。

楚庄王得到一匹身材高大、色泽光鲜的骏马，心中高兴得不得了。不想事与愿违，这匹马整天锦衣玉食，患上了"富贵病"，不多日，便一命呜呼了。楚庄王沮丧不已,为了表达对爱马的真情,他决定为马发丧,以大夫之礼下葬。楚庄王的决定一发布,立即遭到众臣的反对,许多忠直之士以死相谏,但楚庄王主意已定,任谁也无奈他何。正当群臣摇头叹息之际,突然从殿门外传来号啕大哭之声,楚庄王惊问是谁,左右告之是侍臣优孟。楚庄王立即传令优孟进见,问道:"爱卿,何事大哭?"

优孟一边擦泪,一边泣诉:"堂堂楚邦大国,有何事办不到?有何物得不到?大王将爱马以大夫之礼下葬,非但不过分,而且规格还嫌低。我请大王将爱马以国君之礼葬之,这样诸侯们也会知道大王你重马而轻人,这不是很明智的举动吗?!"

优孟的话音刚落,群臣一片哗然,楚庄王却沉默不语,细细品味优孟话中的真意。良久,他低着头慢慢说道:"我欲以大夫之礼下葬,确实太过分,但话已传出,现在又能怎么办?"

优孟一听,马上接口道:"我请大王将死马交给厨师,用大鼎烹饪,放上姜、枣、椒等佐料,马肉让群臣饱餐一顿,马骨头以六畜之常礼下葬。这样,天下人以及后世就不会笑话您了。"

楚庄王得到了一个台阶下,群臣大吃了一顿马肉,事情也就此了结了。

优孟因侍从楚庄王多年,熟知楚庄王的性情,知道面对此时的楚庄王,忠言直谏、强言硬谏都是行不通的。因此,他在获悉群臣劝谏失败之后,采取一种"正话反说"的策略,先顺着楚庄王之意说下去,自然地露出揶揄、讽刺之意。优孟正是运用"正话反说"的方法,从称赞、礼颂楚庄王的"贵马"精神的后面,烘托出另一相反的却又正是劝谏的真意——讽刺楚庄王"贱人"的昏庸举动,从而把楚庄王逼入死胡同,不得不回头,改变自己的决定。

正话反说是荒谬的"放大镜"。在某些特定情况下,有些话绝对不允许你说出来，为了避免尴尬，不妨从其反面说起。须知真理再向前一步就可能变成谬误，反面的话稍加引申，就可能走到反面的反面。

批评下属，应尽量避免引起反弹情绪

对待下属要奖惩分明，下属表现出色时，要及时表扬，当他们犯了错误时，就要责备。但责备员工时也要注意维护他们的自尊和干劲，尽量避免引起对方的反弹情绪。

责备员工要恰到好处，领导者要注意以下几方面的问题：

1. 如果员工在工作中出现了失误，一定不要在大庭广众之下责备他。

人人都爱面子，如果你在大庭广众之下责备下属，就等于是在落他的面子，那么即使你责备的很有道理，他心中必定也不服气。

有一个连长脾气很火爆，一次组织新兵训练时，发现某排动作迟缓，准备工作做的乱七八糟，就把排长叫出来骂了一通，没想到那个平时沉默寡言的排长居然在众人面前顶了他一句："训练普遍有问题，你凭什么只盯着我们排！"事后，两人聊了一次，那个排长说："上次我工作做的是不太好，如果你是在私底下骂我，那我绝对没的说，可你不应该在那么多人前骂我呀！丢了面子，以后我还怎么管新兵？"

批评下属是为了让他纠正错误，所以你必须选择他能接受的方式。如果你在人多的地方大声批评他，那就不是为了督促他改正错误，而是为了发泄你的怨气了。

2. 责备是对别人的否定，而否定又有轻重之别。有鉴于此，就需要区别对待。严厉的责备是最糟的沟通方式，说出的话就像被砍断的树一样，很难再挽回了。

有的职员因为本身的原因，常常缺乏干劲，工作没有主动性。对于他们需要调动主动性，你指责他一通，也无济于事，主动性必须从其内心激发出来。对待他们的指责只能是隐晦的，在表面上要进行激励。

如他喜欢养花，可以将他的工作和花儿进行联系，就能引起职员的积极性，使他认真、热情地去工作。不仅如此，这种激励的方法还能使职员产生一种责任感，而责任感恰恰是做好工作的前提。

如此一来，职员必能心服口服，愉快地接受你的责备，因为他的努力得到了承认，他的积极性得到了肯定。

3. 人们在受到责备时，都会感到不痛快。但是林子大了，什么鸟都有，有一种特殊的人，挨了责备却"潇洒"得很，任你怎样批评，他只听之任之，我行我素，依然如故。

有位经理，精明强干，手下的一班干将也都十分出色。但前不久，他的秘书因为迁居别处而调走了，接任的是一位刚刚毕业的大学生。这位新来的女大学生，做事又慢又马虎，常常将印过的资料不加整理便交出去，办公桌上也乱七八糟。转眼三个月过去了，她的毛病还是老样子。而且，这个女孩对于任何批评、责备，都只当作耳边风。后来，那位女经理决定改变责备方式，只要一发现她的优点就称赞她。

没想到，这个办法竟然很快奏效了，仅仅十几天，那女孩就好了很多。一个月后，做出了非常显著的工作成绩。

可见，责备这种职员应该从另一个角度进攻，利用称赞来使他们改掉毛病，进而增加你所领导的整体的工作效率。

不当众责备职员当然是最好不过的。可是，每位领导都有各自的性格特点，有些领导比较容易冲动，特别是看到职员犯了比较严重的错误，严重影响全局的时候，就可能按捺不住心中的火气，当众责骂起职员来。这时，就好像是"丢了羊"一样。为了防止继续"丢羊"，就必须立即采取"补牢"的措施，使你因一时冲动而产生的副作用减至最小。

某位经理脾气比较暴躁，并且对工作总是一丝不苟，如果看到部门经理工作不负责任，或者令他不满意，就会情不自禁地要当时当地直截了当地指出来。

尽管经理这样做是为了工作，部门经理心里也明白，知道经理并不是责骂他一个人，但是心里毕竟不是滋味。

事后，经理冷静下来，知道自己太过于冲动了，而且后来对部下解释说，这个部门平时工作也是十分出色的，只是因为这种情况，因而有些小错，但工作成果还是可观的。

于是，经理马上进行了"补牢"工作。他在那天下班之后派人把部门经理找来说："今天委屈你了，首先怪我太冲动，没有十分了解情况，对你的责备不当，请原谅。不过，你们部门的工作仍需要提高，相信你能做到这一点。"

几句话使部门经理的心得到了安慰，同时又有一种被信任感，再大的委屈也就飞到九霄云外了。

俗语说："打人一巴掌再给一个甜枣"，虽然不能轻易地"打一巴掌"，但既然已经"打"了，给与不给"甜枣"效果便会大不相同。丢了羊，再补牢这便是一个不是办法的办法，当你一时冲动当众责备了你的部下时，不妨试试这个办法。

责备下属，最忌讳的是批评不准确，与事实不符最容易引起反感和对抗，所以责备下属前一定要把各方面的事实和情况搞清楚。说话要有根据。

CHAPTER 07

巧言拨心
所有美妙的推销，都是拨开了客户心中的插销

说话水平不同，得到的结果就不同。买卖不成是话没到，话语一到卖三俏。从某种意义上说，销售过程就是攻破客户心理壁垒、说服客户的过程。只有掌握客户心理，说中客户需求，撩起客户购买欲望，才有成交的希望。卓越的销售员，一句话点石成金，两句话心花怒放，三句话达成交易！可以说，好口才就是做好销售的根本。

给客户来一个特别的开场白

　　一个人碰到陌生人的第一个反应便是关起心扉，然而又不仅仅如此，他还想去了解探察别人。如果你表现出爽朗善意、幽默的谈吐风度，对方便会逐渐了解到你并非"来者不善"，从而谨慎地打开心扉。

　　某报社往全国各地寄发了大量订阅单，预约期到了，可收回率却很低，于是他们又重新进行了一次全国性征订。这次在征订单上画了一幅漫画：负责订阅的小姐因为没有收到订阅的回音，正在伤心地哭泣。

　　这种推销可以说是高级的强迫推销，不但不会使客户反感，而且收效很好，理由就是它的含蓄和幽默。

　　幽默的人很容易打开别人的心扉，不但容易打动异性的心，也容易打动客户的心。因此幽默的个性能造就出情场高手，也能造就出商场高手。

　　幽默的语言有时能使局促、尴尬的推销场面变得轻松和缓，使人马上解除拘谨不安，它还能调解小小的矛盾。老舍先生曾经举过一个例子：一个小孩看到一个陌生人，长着一只很大的鼻子，马上叫出来"大鼻子！"如果这位先生没有幽默感，就会觉得不高兴，而孩子的父母也会感到难为情。结果陌生人幽默地说："就叫我大鼻子叔叔吧！"这就使大家一笑了之。当然，幽默只是手段，并不是目的，不能强求幽默，否则很容易弄巧成拙。

　　原田一郎推销保险时，使用了这样的幽默，就恰到好处：

　　"您好！我是明治保险公司的原田一郎。"

"喔……"

对方端详他的名片有一阵子后，慢条斯理地抬头说：

"两三天前曾来过一个某某保险公司的推销师，他话还没讲完，就被我赶走了。我是不会投保的，所以你多说无益，我看你还是快走吧，以免浪费你的时间，同时也浪费我的时间。"

此人既干脆又够意思，他考虑得真周到，还要替原田一郎节省时间。

"真谢谢您的关心，您听完我的介绍之后，如果不满意的话，我当场切腹。不管怎么样，请您拨点时间给我吧！"

原田一郎一脸正经，甚至还装着有点儿生气的样子。对方听了忍不住哈哈大笑说：

"哈哈哈，你真的要切腹吗？"

"不错，就像这样一刀刺下去……"

原田一郎一边说着，一边用手比画。

"好吧，你等着瞧吧！我非要你切腹不可。"

"看来，我非要用心介绍不可啦！"

话说到此，原田一郎脸上的表情突然从"正经"变为"鬼脸"，于是，准客户不由自主地和原田一郎一起大笑。

上面这个实例的重点，就在设法逗准客户笑。只要你能够创造出与准客户一起笑的场面，就突破了第一道难关，并且拉近了彼此间的距离。

多说一些让客户"有感觉"的话

感觉，在很多时候会起到很重要的作用，因为在很多时候，当客户的直觉告诉他可以购买这件商品或服务的时候，他往往会情不自禁地去掏腰包，所以说这个时候作为营销人员的你，应该学会引导客户跟着感觉走。

一个优秀的销售人员，必定是善于把自己的理念和观念输入给客户的人。善于说服是每一个营销高手的共同特征。如果你了解营销这门技巧和艺术，你就会明白，让客户接受自己的理念和产品，"来硬的"并不是明智的选择。很多时候，只需要我们巧妙地去引导客户，让客户的想法自然而然地走到我们设计好的路子上去，这种手法是最高明的说服手段，也是最高明的营销手段。

作为销售人员，想要做好销售，就必须要掌握一定的销售技巧，其中，引导客户是销售技巧中重要的技巧之一。只有合理巧妙地引导客户需求，才能够使客户对你的产品产生兴趣，甚至是依赖，从而达成短期或者长期的销售关系。

一名优秀的销售人员，在销售自己的产品时始终是占主导地位的，总是他在引导客户，而销售能力一般的销售人员则总是被客户的问题所引导，这样会给人不是很专业的印象，试想，一个接受过产品培训的销售人员，虽然记住了产品的卖点，但在销售应用的时候总是不知道如何向客户表述，或是不知道从哪个角度去跟客户讲自己所卖商品有什么卖点和好处，这种情况下的销售是很难取得好的结果的。作为销售人员，不仅要有专业详尽的产品知识以应对客户的提问，也要有丰富的应变经验来引导客户的想法和问题，这样才是一个优秀的销售人员。

1. 销售人员应该如何去介绍产品

那么，一个优秀的销售人员应该如何去介绍产品，才能做到去主动引导客户，而不是被客户引导呢？

其实，绝大部分客户对商品的知识是空白的，如果客户在产品知识方面比导购员还专业，那么销售员的存在就失去了价值，销售人员面对客户的时候，不要急于介绍产品的具体性能参数，而是要先告诉客户一个产品的好坏标准是什么，都要从哪几个方面来判断，销售人员在介绍产品的过程当中，一定要掌握一个原则，即所有的介绍都是为了加深客户对产品的印象。当我们介绍商品的时候，应该围绕以下原则：讲到产品时，嘴说到，手指到，让客户感觉你所说的是有所依据的，最后就是让客户感受到，也就是让客户体验到产品的功能和好处。

所以作为销售人员首先自己一定要弄清楚判断产品的好坏标准是什么，从哪些方面去向客户讲解最为省力，这样的话，你所讲的判断产品好坏的理由就会让客户感觉到是有所依据，而不是凭空捏造瞎吹的，这样对于客户来说说服力更强些，可信度也高些，所以在销售商品的时候，一定要遵循嘴说到手指到并让客户感受到商品的优点所在。在这个过程中，作为销售人员必须要掌握一定的引导技巧，要想引导客户，不仅仅要掌握丰富的产品知识和相关标准，也要掌握介绍产品的技巧和策略，不然很难引导客户。

销售人员在知道自己所卖产品相关知识的前提下，要学会实际应用，介绍产品要遵循一定的规律，在给客户介绍产品时，首先我们要激发客户对产品产生想了解的好奇心和兴趣。有时候我们可以采取自己提问题，自己来回答的策略。回答问题的时候，不妨使用问的形式，比如用什么材质？或产品有什么设计用什么技术有什么特点？我们厂家的商品有什么卖点和好处和别的厂家是不一样的？这种不断提问的介绍方式不仅引导着销售人员自己的产品介绍，也引导着客户的思维和思考问题的方向，在讲解的过程中，每个卖点或者每个说法都是有所依据的，最好就是在现场让客户体验到产品的好处。这里需要提醒的是，当销售员提出问题的时候，哪些问题是自问自答的，哪些问题是引导客户回答的，一定要做到心中有数，按部就班，什么样的情况下是可以让客户来回答呢？也就是保证客户回答的答案就是你所引导想要的答案的时候，大部分都是属于封闭式的问题，或是明显的 AB 选择题，问题设计想要的答案很明显，答案有明显的偏向性。比如说："先生你是买个质量好的还是买一个质量差一点的价格特别便宜的？"这样的 AB 选择问答题，让客户回答，答案就很明显，这样才能在不知不觉中引导客户的思维。

2. 不同的客户要用不同的引导方法

对于那些慢吞吞的客户，他们通常即便是有意购买，也不喜欢迅速签下订单，而总要东挑西拣，这边看看那边转转，在产品的颜色、规格、式样甚至是交货日期上不停地问这问那。这时，聪明的销售员就要改变策略，不能操之过急，要把订单的问题先放到一边，转而热情地帮对方挑选颜色、规格、式样，仔细商定交货日期等，一旦上述问题解决，你的订单也就落实了。

而对于那些明显对某产品有浓厚兴趣的客户来说，要充分利用他们的心理弱点。人们通常对越是得不到、买不到的东西，越想得到它、买到它。所以，销售员可利用这种"怕买不到"的心理，来促使这样的客户迅速确定订单。例如说，销售员可对客户说："这种产品只剩最后一个了，短期内不再进货，你不买就没有了。"或说："今天是优惠价的截止日，请把握良机，明天你就买不到这种折扣价了。"这样一来，客户出于"怕买

142

不到"的心理，就会很快放弃价格方面的念头，而迅速确定购买。

还有一种小心翼翼地客户，他们总是对产品充满怀疑，既想要买你的产品，又对产品没有信心，这个时候，我们可建议对方先买一点试用看看。只要你对产品有信心，虽然刚开始订单数量有限，然而对方试用满意之后，就可能给你大订单了。这一"试用看看"的技巧可以帮助那些犹豫的客户快速下决心购买。

如果遇到那种没有主见的客户，尽管一再出现购买信号，但客户却仍然犹豫不决拿不定主意时，可果断采用"二选其一"的技巧。譬如，销售员可对客户说："请问您要那部红色的还是黑色的呢？"或是说："请问是星期二还是星期三给您送货方便呢？"这种"二选其一"的问话技巧，看起来是客户在选择，其实是你帮他拿主意，帮他下决心购买。

与客户沟通交流的过程其实也是一个博弈的过程。如何用最快最"和谐"的方式引导客户认可我们的产品，如何运用种种引导技巧指导我们的言谈举止来左右客户的思维，都是需要我们思考学习并且掌握的。我们甚至可以说，营销的过程就是一个引导客户的过程，谁引导得好，谁就会取得更好的销售业绩。

找到交谈切入点，顺势赢得好感

"如果你找到了与潜在客户的共同点，他们就会喜欢你，信任你，并购买你的产品。"事实证明，人们通常更愿意与容易相处的人做生意，尤其是与客户初次见面的时候，销售人员如果能够快速找到恰当的切入点，就能够很快消除彼此的紧张感和陌生感，从而为下一步的沟通创造良好的条件。

销售的本质其实就是获取客户的信任，从而让客户接受我们的产品和理念。因此，获取客户的信任，是销售工作的前提。要想获得客户的信任，无疑需要我们掌握一定的沟通交流技巧。而找到与客户的共同点，无疑是获得其信任的最佳途径。一旦取得了客户的信任，达成共识，接下来的销售工作就会水到渠成，顺理成章。

很多时候，我们与客户之间的共同点都是可以加以利用的，例如老乡关系，爱好关系，对某些问题有相同看法的关系，甚至是衣着随身物品等方面的共同点，都是我们拉近与客户之间距离的最佳接口。当直接与客户谈交易遇到困难的时候，我们不妨灵活一点，暂时绕开遇到分歧的话题，转而与客户闲聊，从闲聊中寻找双方的共同点，并且达成共识，这时再回过头来谈交易的问题，许多问题便迎刃而解了。

1. 如何寻找与客户的共同点

既然我们和客户生活在同一个地球、同一个时代，就必然能够找到与客户之间的相同或相似之处，例如，相同的生活环境、相同的工作性质、相同的兴趣爱好、相同的生活习惯等，从这些共同点切入，必然能够很快拉近与客户之间的距离。

首先，双方必须确立共同感兴趣的话题。有人认为，陌生人初次见面，很难找到共同感兴趣的话题，其实不是这样。只要善于寻找，善于发现，就一定能找到共同语言。例如一位小学教师和一名水果商贩，似乎两者是没有任何共同点和共同语言的。但是，如果这个水果商贩是一位小学生的家长，那么，两者就如何教育孩子的问题各抒己见，交流看法；如果这个小学教师谈到水果方面的问题，例如如何挑选水果，哪种水果适合给小孩子吃的话，水果商贩就可以立刻给予很好的解答，这样一来，两个人之间很容易就拉近了距离。

可见，只要双方留意、试探，就不难发现彼此有对某一问题的相同观点，比如某一方面共同的兴趣爱好，某一类大家都关心的事情。有很多初入职场的销售人员在初次与客户见面时感到拘谨难堪，话不投机，容易冷场，完全是因为没有发掘共同感兴趣的话题。

其次，要多注意了解对方的现状。要努力使对方对你产生好感，并且留下深刻印象，还必须通过察言观色，了解对方近期内最关心的问题，掌握其心理。在寻找客户感兴趣的话题时，销售人员要特别注意一点：要想使客户对某种话题感兴趣，你最好对这种话题同样感兴趣。因为与客户的沟通过程必须是互动的，否则就无法实现具体的销售目标。如果只有客户一方对某种话题感兴趣，而你却表现得兴味索然，或者内心排斥却故意表现出喜欢的样子，那客户的谈话热情和积极性马上就会被冷却，这样就很难达到良好沟通效果。所以，销售人员应该在日常生活中多培养一些兴趣，多积累一些各方面的知识，至少应该培养一些比较符合大众口味的兴趣爱好，例如体育运动和一些积极的娱乐方式等。这样，等到与客户沟通时就可以信手拈来，也不至于使客户感到与你的沟通寡淡无味了。

2. 如何应对客户的异议

无论是在产品销售的过程中，还是在产品销售之后，都有可能因为种种原因与客户发生意见上的分歧甚至冲突。一个优秀的销售人员必须要善于处理这些冲突，在最短的时间内消除分歧和冲突，求同存异，尽快重新与客户达成共识。在化解与客户之间的分歧时，我们必须能够预测到客户的情感需求，去加以理解。一般来说，客户产生分歧和冲突的原因主要有：产品的功能理解出现偏差；产品的使用过程中出现问题；希望被关心、重视，希望有人倾听的情感需要被忽视，等等。因此，在和客户进行沟通时要特别注意用语，比如"真的很抱歉"，也可以说"我非常理解您现在的心情，我会尽我自己最大的努力来帮您解决这个问题，您先坐下来我们慢慢谈"，这种沟通交流方式能够让客户感到自己的情感需求得到了关注，从而尽快消除分歧。

在实际解决问题的过程中，我们要注意以下几点。

首先要换位思考，正确认识客户的异议。换位思考是有效解决客户冲突的关键。我们不要把客户的异议当成是在找茬，因为只有真正关心、认同企业产品或者对企业产品感兴趣的客户，才会提出更多的异议、要求或是批评。曾经有专业机构做过数据统计，遇到问题没有提出异议的客户只有 8% 会回来；提出异议但没有得到解决的客户则有 18% 会回来；提出异议得到解决的客户有 55% 会回来；而提出异议迅速得到满意解决的客户，有 86% 将成为企业的稳定客户。可见，客户的异议并非坏事，关键在于我们如何处理。

其次就是，在应对客户的异议时，我们一定要认真倾听，并且始终保持自己的热情。在倾听客户异议的时候，不但要听他表达的内容，还要注意其语调与音量，这有助于我们了解客户语言背后的内在情绪。同时，要通过解释与澄清确保自己真正了解了客户所提出的问题。热情的服务与沟通，往往能够平息客户的怒气，至少能够让客户认为自己的问题已经受到了重视。那么，如何保持我们的热情？最关键的一点，就是我们在与客户进行沟通过程中，面部表情应该与语言保持一致。只有当我们的姿势、表情、动作、呼吸都表现出热情、微笑的状态时，才能让客户真实感受到热情。

在日常销售的过程中，难免会与客户发生分歧，一个优秀的销售人员，应该善于处理这种冲突，能够做到与客户求同存异，并且尽可能多地找到共同点，达成一致。只有这样，才能尽可能快地得到客户认同，无论是从感情上还是从销售上，得到客户的认同都是有益无害的。因此，学会处理与客户的意见分歧，是销售人员必须学会的一项技巧。

言语真诚，让客户对你产生信任感

作为营销人员，你的诚心十分重要。因为只有一个真诚的销售人员才会将自己的销售活动进行得有声有色，带有感染力。如果只是虚情假意地去推销自己的产品，那么客户自然不会心甘情愿去购买。

俗话说："只有真心才能换来真心。"营销工作也是如此。在与客户的沟通交流当中，客户都能够通过我们方方面面的表现感受到我们内心对于交易以及客户的真实态度。任何的敷衍以及虚假的关心都会给客户带来负面的感受。一旦客户在心里认定我们是一个不够真诚的人，那么，接下来的销售工作就无从谈起了。

我们要想在营销工作中得到客户的信任，时刻注意推销工作中的细节是非常必要的，但是要想让客户认可你，就要学会从细节中展现自己的真诚，即便你总是将真诚挂在嘴上，但是不去做真诚的事情，那么客户一样不愿意为你的产品买单。

曾有一家公司要添置一批办公设备，公司总经理决定向一家颇具规模的经销商购买。一天，经销商的销售负责人打来电话，要来拜访这位总经理。总经理心想，当对方来时就可以在订单上盖章了。

结果对方到达之后又提出了其他的销售意向，原来是因为对方打听到该公司职工的宿舍楼即将落成，希望职工宿舍需要的设备也能向他们公司购买，所以对方带着一大堆资料，摆满了桌子。当时总经理正好有事要忙，便让秘书请对方稍等一下。对方等了一会儿，便有些不耐烦地收起资料说："要不我改天再来打扰吧。"

这时，总经理发现对方在收拾资料准备离去时，不小心把总经理的名片掉在地上，并在走时又不小心踩了一脚。就因为这一个看似不起眼的失误，使他永远失去了与这家公司做生意的机会，眼看到手的订单泡汤了。

这个失误看似微不足道，其实，它是不可原谅的，因为名片是一件至关重要的东西。如同你的衣着、你的书本、你的照片等，都在某种意义上代表着你。他人对这些东西的不尊重就等于是对你的不尊重，对此恐怕没有人会持反对意见。名片更是一个人的化身，把他人的名片弄掉在地上已是对他人的不尊重，况且又在名片上再踩了一脚，这简直就是对他人的侮辱，任何一个人的名片遭此噩运，都会非常生气并且不愿意再继续合作下去的。因为每个人都不希望被别人小觑，都希望别人认为自己重要。

1. 真诚待人是营销的根本

在我们从事营销工作的过程中，一定要给客户留下真诚的印象，否则的话，我们的营销工作就会遇到重重的困难。

众所周知，真诚是推销的第一步。这通常意味着，我们必须重视客户，重视自己产品的质量。如果我们无法做到这一点，就无法做到真诚对待我们的客户，也就无法成为一个好的销售人员。在与客户打交道的过程中，真诚、老实是绝对必要的。一定不要对客户撒谎，即使只说了一次，也可能使你信誉扫地，这显然是得不偿失的。

而且，在与客户的交流过程中，还有一点很关键——不要轻易许诺。因为一旦许下诺言，我们就必须脚踏实地地去实现它。即便有时候是一些无足轻重的小事情，它也会直接影响到你在客户心目中的形象。例如，如果你的财务软件系统需要3个月才能调试完毕，那你就不要仅仅为了拿到订单而谎称 4 个星期就够了。这种无法兑现的承诺不但会搅得你坐立不安，增加工作压力，而且会令你在客户心中的信用直接降低为零。所以最好对你的客户实话实说。

在面对客户提出的种种问题的时候，我们必须承认，即使是最专业的推销员也不可能回答客户所有的问题。如果遇到这种情况，你可以直率地说："对不起，我现在还无法回答你，但我回去后会马上查找答案，很快就给你回电话。"记住，如果你总是这样解释，那就说明你销售的前期工作并没有准备充分。不过，这种坦率的回答倒是体现了你的真诚，这总比说假话、敷衍你的客户好得多。不过，一旦我们这样回答了客户，接下来最好立刻着手查找答案，并尽快给客户解释，否则就会让客户觉得我们是在敷衍应付。

真诚待人不仅是做人的根本，也是营销工作的根本。常言道：营销即做人。也是这个道理。要想取得好的销售业绩，必须有好的口碑，而要想有好的口碑，就必须真诚待人，这个道理想必每一个从事营销工作的人都会明白。

2. 真诚是推销员的通行证

我们都知道，在营销工作中，第一印象很重要，要让客户觉得你很真诚，你必须给他留下真诚的第一印象。那么，怎样才能让客户在见你第一面时就觉得你很真诚呢？这里提供两条建议。

第一，眼神要真诚，并且要让客户直接看到我们真诚的目光。眼睛是人与人之间沟通的重要桥梁，我们必须学会用眼睛和客户交流，俗话说：眼睛是心灵的窗户。要让客户看到你真诚的心，首先就要从你眼中看到真诚。

第二，当你和客户说话的时候，你一定要正视对方的眼睛，而当你聆听的时候，你得看着对方的嘴唇。否则，客户会把你的心不在焉理解为你不够真诚，心里有鬼。

现实生活中，有不少初入职场的推销员会因为羞怯而不敢直视别人的眼睛，但是从客户们的角度来思考，他们绝不会相信一个推销员会害羞。因此，我们一定要努力学会用眼神交流，不管它有多么困难。

而且，在整个推销过程中，你还应该自始至终集中自己的注意力。如果在倾听客户说话的时候东张西望，漫不经心，客户就会觉得自己被忽视，并且会引起反感。如果在销售的过程中你精力不集中，你的客户就会想："这小子以为自己有多了不起呢，他要是不把我放在眼里，我才不在乎他卖的是什么，即使白送给我，我也不要。"我们一定要明白，真诚不仅仅可以通过语言来传递，还有你的眼神、表情和体态语言。你必须重头至尾地真诚，要不然，在客户的眼里，你只是一个不可靠的人。

同样重要的是，我们不仅要态度真诚，而且要控制内心的贪婪。如果利润做得太高，客户就不会愿意与你继续合作。贪婪很可能毁掉你的信誉，使你失去更多的生意。我们需要的是长期的、多次的合作，而合作只有在双方都感到满意的时候才称得上是好的合作。

我们一定要记住，对别人真诚，也就意味着对自己负责任。作为一名销售人员，我们应该懂得遵守这个简单的原理。尤其是面对客户，你的一举一动都是营销工作的一部分，都需要细致对待，真诚相处。只有如此，才能留住老客户，开拓新客户，让自己的营销事业更上一层楼。

了解客户需求，说投其所好的话

对于销售来讲，投其所好并没有什么不好，毕竟在销售的过程中，卖出自己的产品和服务才是最终的目的，所以说销售人员不妨投其所好，以此来吸引客户，让客户更愿意购买你的产品和服务。

每个客户都会有不同的需求，每一件产品也都有着不同的性能和特性。如何从众多繁杂的产品特性中挑出客户感兴趣的特点来向客户介绍，是推销人员最需要也是最难掌握的一项技巧。因为这首先需要销售人员对于客户的情况有全面的了解，只有真正了解客户的需求，才能在介绍产品的时候有所取舍，有所侧重，真正有目的性的把产品的优点精确地反映给每一位客户，这才是最有效率的产品介绍方法。

当然，要想知道客户的喜好，必然要对客户进行分析和了解，而了解的途径和技巧又是多方面的，所以说销售人员要进行多方面的掌握，只有这样才能够更好地实现你的销售行为。那么，我们销售人员应该如何去掌握这项技巧呢？

1. 通过交谈了解客户需求

销售人员要想做到"投其所好"地向客户介绍产品，就必须首先通过和客户交谈，对他们的偏好大致上有一个判断。例如，如果对方在意性能，那我们就跟他谈产品的技术性能；如果他在意价格，我们就谈产品的性价比有多高；如果他在意外形，那我们就重点介绍产品的设计，用设计上的精巧来打动他。人和人之间都有差异，单靠同一角度的宣传很难打动所有人，面对客户必须灵活起来，投其所好。

了解客户需求，要从关心客户，了解客户问题入手。这需要销售人员在拜访客户、与客户交流之前，充分、认真地分析客户实际的、最强烈的需求，去寻求突破点。如果一开始就抓住了客户急需解决的问题点，客户必定愿意将话题继续下去，相反，如果销售员与客户初见面，就是十足的"商业气味"，只会千篇一律地讲解产品，那么客户基本上就不会购买你的产品，甚至不会给你机会让你背课文似的"背完"开场白。

2. 善于寻找共同点作为突破口

有这样一个销售事例，一个销售经理按照约定来到客户办公室，洽谈一个业务订单，在与客户沟通的过程中，发现客户似乎对自己并不太感兴趣，话题也是有一搭没一搭，似乎看不到订单的希望了。这时，这位销售经理突然看到客户书架上有很多中国古籍，特别是有很多关于《诗经》的书籍，于是在与客户聊天的过程中，他谈起了自己爱好读书并且偏爱古典文学这件事情。客户一听就来了精神，说他也最喜欢《诗经》。于是两个人就从《诗经》谈到业务，不亦乐乎地忘了时间，晚上还一起吃了晚饭。

很显然，由于这位销售经理善于仔细观察，找到了与客户之间的共同点，并采取策略，投其所好，顺利打开了交谈的思路。当然，投其所好也必须跟自己的情趣爱好相结合，自己对此要有兴趣，还要有研究，否则，即使发现了共同点，你对此却一知半解，没说两句就"卡壳"了，那么不但对你们的谈话无济于事，反而会让客户觉得你不懂装懂，不值得信赖。可见，培养广泛的兴趣，对于销售人员而言，是面对不同客户做到"投其所好"的必备功课。

3. 寻找客户共同点的技巧

面对客户，要想做到投其所好，找到自己与客户之间的共同点，就必须要掌握下面这几点。

首先，对于那些摸不清底细或者初次见面的客户，不妨采用试探的方法来寻找共同点。

譬如，有时候，为了打破初次见面时沉默的局面，可以想办法打开话题，因为不说话不沟通是什么也做不成的。当然也有一部分销售人员会通过听客户的说话口音、言辞，侦察客户情况；有的以动作开场，一边帮客户做某些急需帮助的事，一边以话试探；有的甚至借火吸烟，也可以发现客户特点，从而找到与客户之间的共同点，打开谈话话题局限的局面。

其次，我们要善于观察客户表情动作上的细节。通常情况下，一个人的心理状态、精神追求、生活爱好等，都会或多或少地在他们的表情、服饰、谈吐、举止等方面有所表现，只要我们善于观察，就会顺利发现与客户之间的共同点。

此外，也可以通过步步深入的手段，挖掘共同点。大多数时候，发现与客户之间的共同点其实是非常容易的，但是，这只是与客户谈话的初级阶段所需要的。随着交谈内容的深入，共同点会越来越多。为了使交谈更有益于客户，必须一步步地挖掘深一层的共同点，才能如愿以偿。

还有就是，要学会揣摩与客户之间的谈话，探索共同点。为了发现客户同自己的共同点，我们可以在客户同别人谈话的时候留心分析、揣摩，也可以在客户和自己交谈时揣摩他的话语，从中发现共同点。

其实，寻找与客户之间共同点的方法还有很多，比如，共同的生活环境，共同的工作任务，共同的行路方向，共同的生活习惯等，只要仔细发现，与客户无话可讲的局面是不难打破的。此外，还有一个方法也能帮助销售人员寻找到与客户共同的话题，引起客户的好感，那就是相似性。人们都喜欢与自己在某些方面相似的人交流，不管是观点、动作、语气、个性、背景、生活方式等各个方面，只要是相似的双方都会产生好感。

要想在与客户沟通的过程中做到"投其所好"，首先就必须要了解客户，并想办法找到与客户之间的共同点或者相似点，只有掌握了这门技巧，我们才能准确判断出不同客户与我们的共同之处，从而进一步沟通了解客户真正的兴趣爱好等话题。而了解了这些内容，我们在面对客户的时候才能真正做到"投其所好"，想客户之所想，满足客户之所需，与每一位客户都能够打成一片，顺利签单。

一语中的，短时间抓住客户注意力

做销售工作的人比比皆是，一家稍微大一点的企业，每天甚至会有十几名销售员登门拜访。在这种情况下，客户很容易对销售员产生厌烦、抗拒心理。因此，如果想成为一名出色的销售员，我们就要利用一定的销售技巧，在最短的时间内，抓住客户的注意力。

某地有一个销售安全玻璃的销售员，他的业绩一直排在整个销售区域的第一名，在一次销售员大赛的颁奖大会上，主持人问："你有什么独特的方法来让你的业绩维持顶尖呢？"他说："每当我去拜访一个客户的时候，我的包里面总是放了许多截成20厘米见方的安全玻璃，我随身也带着一把铁锤子，到客户那里后我会问他，你相不相信安全玻璃？当客户说不相信的时候，我就把玻璃放在他们面前，拿锤子往玻璃上一敲，而每当这时候，许多客户都会因此而吓一跳，同时他们会发现玻璃真的没有碎裂开来。然后客户就会说：天哪，太难以置信了。这时候我就问他们：你想买多少？一般来说他们都会和我签约，而整个过程花费的时间还不到一分钟。"

颁奖大会后不久，几乎所有销售安全玻璃的销售员出去拜访客户的时候，都会随身携带安全玻璃样品以及一把小锤子。

但经过一段时间，他们发现这个销售员的业绩仍然排在第一名，他们觉得很奇怪。而在另一个颁奖大会上，主持人又问他："我们现在也已经做了同你一样的事情了，那么为什么你的业绩仍然能维持第一呢？"他笑一笑说："我早就知道当我上次说完这个点子之后，你们会很快地模仿，所以自那时以后我到客户那里，唯一所做的事情是把玻璃放在他们的桌上，问他们：你相不相信安全玻璃？当他们说不相信的时候，我就把锤子交给他们，让他们自己用力来砸这块玻璃。"

看来，如果我们能吸引到客户，销售的成功率就会大大提高，那么我们应该怎样做呢？

1. 在开场白上动动脑筋

为了吸引客户的注意力，在面对面的销售访问中，说好开场白是十分重要的。开场白的好坏，几乎可以决定一次销售访问的成败。换言之，好的开场白就是销售成功的一半。大部分客户在听我们所说的第一句话时要比听后面的话认真得多。听完我们的第一句问话，很多客户就自觉或不自觉地做了尽快打发我们离去还是继续谈下去的决定。因此，我们只有说好开场白，才能迅速抓住客户的注意力，并保证销售访问顺利进行下去。

销售专家们在研究销售心理时发现，洽谈中的客户在刚开始的30秒钟所获得的刺激信号，一般比以后十分钟里所获得的要深刻得多。在不少情况下，销售员对自己的第一句话处理得往往不够理想，有时废话甚多，根本没有什么作用。比如人们习惯用的一些与销售无关的开场白："很抱歉，打搅你了，我……"在聆听第一句话时，客户集中注意力而获得的只是一些杂乱琐碎的信息刺激，一旦开局失利，接下来的销售活动必然会困难重重。

抓住客户注意力的一个简单办法是去掉空泛的言辞和一些多余的寒暄。为了防止客户走神或考虑其他问题，我们要在销售的开场白上多动些脑筋，开始几句话必须是十分重要而非讲不可的，表述时必须生动有力，声调略高，语速适中。讲话时目视对方双眼，面带微笑，表现出自信而谦逊、热情而自然的态度，一些销售高手认为，一开场就使客户了解自己的利益所在是吸引对方注意力的一个有效思路。比如：

"你知道每天只花几块钱就可以避免受到火灾、水灾和失窃所带来的损失吗？"保险公司销售员开口便问客户，对方一时无言回答，又表现出很想得知详细介绍的样子，销售员赶紧补上一句："你有兴趣参加我们公司的保险吗？我这儿有 20 多个险种可供选择。"

又如，某叉车厂销售员问搬运公司管理人员："你希望缩短货物搬运时间，为公司增加二成利润吗？"对方一听，马上对上门访问的销售员表现出极大热情。

在开场白中，销售员开门见山地告诉客户，提示你可以使对方获得哪些具体利益，如："王厂长，安装这部电脑，一年内将使贵厂节约近 3 万元开支。""胡经理，我告诉你贵公司提高产品合格率的具体办法……"这样的开场白肯定能够让客户放下手头工作，倾听销售员的宣传介绍。

2. 用"奇言"来吸引客户

我们上门访问时出其不意地讲一句话，往往能一下子抓住客户的注意力。

一位柜台前的销售员在卖皮鞋，他对从自己柜台前漫不经心走过的客户说了一句："先生，请当心脚下！"客户不由得停了下来，看看自己的脚面，这时销售员乘机凑上前去，对客户热情一笑："你的鞋子旧了，换一双吧！""这双鞋子式样过时了，穿着挺别扭的，我这儿有更合适的皮鞋，请试试看。"

还有，一位成功的销售商与客户洽谈交易，为了吸引对方的注意，他很喜欢用这样一句话来开始介绍他所销售的产品："说真的，我一提起它，也许你会不耐烦而把我赶走的。"这时客户马上会被勾起好奇心："噢？为什么呢？说说看吧！"

不用多说，对方的注意力已经一下子集中到以下要讲的话题上了。

满足需求或解决问题正是向客户发出"奇言"的根本宗旨，如果客户在遇到困难的时候或在我们销售访问开始时就已经了解我们可以帮助他解决问题，他们就会采取比较合作的态度，乐意接受你的销售访问。

出奇言时，要掌握好时机、对象和语言的分寸，千万不要危言耸听，俏皮话也应少讲。可惜，有些朋友恰恰忘记了这一点，即使达到了唤起客户注意的目的，也没让好戏再唱下去。如有一位初学销售的年轻人在卖帽子时试图出奇言而制胜，对一个秃顶的中年人，劈头一句就是："哥们儿，瞧你这头发，稀稀拉拉的剩下几根，买一顶帽子戴上吧。"结果可想而知，他的销售努力落空了。

3. 引用旁证来唤起注意

在唤起注意方面，我们广泛引用旁证往往能收到很好的效果。

在香港，一家著名的保险公司销售经纪人一旦确定了销售对象，在征得该对象的好友某某先生的同意后，上门访问时他就这样对客户说："某某先生经常在我面前提到你呢！"对方肯定想知道到底说了些什么，愿意听这位经纪人讲下去。

这样，销售双方便有了进一步商讨洽谈的机会。还有一个案例也颇能说明问题。

一位销售家用小电表的促销员向客户介绍产品时，总是这样开头的："我家还有我亲戚家安装的就是这种型号的电表，可省电啦！"

无论这笔生意是否谈成，这样的宣传旁证在客户心目中都会留下很深的印象，自然会对销售的产品引起注意。

引用旁证时，我们还可以引用一些社会新闻。谈论旁证材料和社会新闻，首先应以新见长，最新消息、最新商品、最新式样、最新热点，都具有吸引人注意的凝聚能力。

虽然这种方法不大适用于匆匆而过的客户，但对于一些老主顾，对诸如洽谈对手、办公室人员却有着相当的作用。

巧妙诱导，激发客户的了解欲望

销售不应该过于被动，积极的销售才能够获得不错的业绩，如果想要让客户积极地来了解产品，就应该想方设法勾起客户对产品的兴趣，而这种好奇心才会让客户更加主动地来购买。

心理学认为：好奇心是个体遇到新奇事物或处在新的外界条件下所产生的注意、操作、提问的心理倾向。好奇心是一种非常有推动力的人类天性，在销售工作中，销售人员可以适当利用人们的好奇心，从而激发客户想要进一步了解产品的欲望。通常来说，一旦客户对产品产生了好奇心，就会主动进一步地了解产品，对于销售人员来说，这正是向客户详细介绍产品的大好时机。因此，在销售产品时利用一些小技巧激发客户的好奇心，也是一项很重要的销售技巧。

对于客户而言，他们需要的是对产品的价值有一定的了解，而对于销售人员来讲，只有将客户的好奇心彻底地激发出来，才能够完成自己的销售行为。那么，我们应该采用哪些手段去引起客户好奇，从而激发客户对产品的了解欲望呢？

1. 向客户提问

小时候与伙伴做游戏的时候我们就知道，要想获得某人注意力的最简便的方法就是说："猜猜看？"这也是向对方提问题的一个例子，这使得人们会情不自禁地想，"到底是什么？"我们也可以换一种方式，比如对客户说："我能问个问题吗？"效果也是一样的，你所要询问的对象一般都会回答"好的"，同时他们还会自动设想你会问些什么，这就是人类的天性。在向客户介绍产品的时候，无论是在一开始吸引客户注意的时候，还是在介绍过程中向客户介绍产品特性的过程中，都可以利用这个小技巧来让客户主动了解产品，往往可以起到很好的效果。

2. 不要一次告诉客户全部的产品信息

有不少销售人员非常勤奋地了解产品知识，学习销售技巧，致力于成为客户面前的百科全书，为他们解答一切有关产品的疑问，这无疑是一种好的想法，却不是聪明的想法。因为他们想的只是如何去满足客户的好奇心，却很少想过要努力激起客户的好奇心。他们的看法是自己的价值存在于自己为客户所提供的信息，所以就四处进行拜访，不厌其烦地向客户反复陈述自己的公司和产品的特征以及能给客户带来的利益。这诚然是一种勤奋的销售方法，也会有不错的效果，但是，我们何不尝试更加省力而高效的方法呢？

因为，过快满足客户的好奇心会大大降低他们进一步参与的欲望。不妨试想：如果你所要拜访的客户已经掌握了他们想要了解的所有信息，他们还有什么理由非得见你不可呢？同样，如果客户在跟你的第一次见面中就已经了解了有关产品所有的问题，他们已经拥有了所有自己需要的信息，或者他们从你的陈述中获得了所有必需的信息，就没有必要再进行下一步了，这样的情况往往意味着，要么第一次见面就搞定订单，要么就没有第二次见面的机会了，这对于销售人员来说，显然不是一件好事情。

当然，也有些销售人员并不赞成这种观点。他们认为这么做会破坏销售的完整性，并影响到他们自身的专业形象。这种想法是不够全面的，因为，作为销售人员，一般第一次与一个普通客户交往不可能拥有太多的讲解时间，客户都有各自要忙的事情，何况只是一个初次联系的销售人员，是不可能给我们充分的时间让我们把自己的产品的详细信息完整地讲解给他们听的，所以，事实就是，不管你愿不愿意，你都只能传达部分信息。那么，你是选择提供全部信息满足客户的好奇心，还是只提供部分信息进一步激发他们的好奇心呢？

如果你希望客户和潜在客户主动想要了解更多产品信息，那么不要一开始就把所有产品信息都告诉他们，一定要有所保留，这就意味着你可以在以后提供更多信息，从而激起客户的好奇心。

3. 暗示客户产品的潜在价值

激发客户好奇心的另一个方式就是，在介绍产品的过程中运用暗示的手段，让客户知道产品将会带给他们很大的价值和收益，但是并不直接说明这价值和收益具体会是什么情况。这也是一个很有效果的策略。因为在客户面前晃来晃去的价值就像是诱饵一样使他们想要获得更多的信息。如果客户开口询问，你就达到了主要的目的：成功引起客户好奇，使客户主动邀请你进一步讨论他们的需求和你所能提供的产品和解决方案。这种技巧实际上就是利用技巧性的问题提供部分信息让客户看到产品价值的冰山一角，从而引起客户更大的好奇心。

例如，我们不妨这样通过询问的方式激发客户的好奇心。"如果我们的产品能帮助你节约成本30%，你有兴趣看一次具体的演示吗？""稍微改进一下，你就可以极大提高投资回报率。你希望我详细说明一下吗？""有客户通过我们的 erp 系统节省了大量开支，你想知道有多大吗？"事实上，谁不想知道如何省钱、提高产量或投资回报率？随便问上述哪个问题，客户都很自然地想要了解更多情况，这样我们就有了一个愿意给予我们时间和注意力的好奇客户，下一步的产品介绍也就水到渠成了。

同样，我们还可以用这个技巧来确定客户有什么问题，并暗示他我们的产品可以解决他的问题，从而激起他们进一步了解我们产品的欲望。这样的销售技巧如果运用得当，可以让我们的销售工作更加轻松，省力。

在销售的过程中运用技巧，巧妙地激发客户对于产品以及产品服务的好奇心，激发他们对于产品所带来潜在价值的期待和渴望，都会大大节省我们把产品介绍给客户的难度和劳动量，与其滔滔不绝地给客户大讲产品特性却得不到重视，不如直接告诉客户产品带来的收益会有多么巨大，就像抛出一个诱饵，对这个诱饵感兴趣的客户自然会主动产生进一步了解产品的欲望，何乐而不为呢。

"迷魂汤"要灌得恰到好处

在推销中，推销员一定不要忘记赞美客户，给客户多灌点"迷魂汤"，让他有一种飘飘然的感觉，这样一来你的推销就很容易成功。当然，这"迷魂汤"要灌得恰到好处，还需要掌握一些技巧，身为推销员的你，一定要多加注意才行。

常言道："美言一句三冬暖。"几乎所有的推销员都懂得赞美客户的重要性，但理解并不等于会用。最令人难堪的"赞美"是有人对你说："我早就知道你这个人……还可以！"这句话的本意是夸人家人品不错，但效果却适得其反。"不错""不坏""不小气""不丑""不难看""还可以"等都会产生类似效果。既然要赞美，何不用"挺好""很棒""非常大方""很慷慨""挺好看"呢？要是赞美对象实在沾不上"很""非常""挺"的边，说声"相当好"不是上佳的选择吗？肯定句会让人感到自己得到了好的评价。

当然，"迷魂汤"虽好，也不能一味地滥用。比如一个女孩子相貌平平，你如果说"你真是大美人啊"，这种夸张的"赞美"，对方不但不会领情，反而会大为反感。但是如果你发现她眼睛很有特点，说一声："你这双眼睛又清澈又明亮，真美！"效果将大不一样。过度的赞美反而有害，特定而适度的赞美才是有效的。要注意千万不要滥用赞美之词，它会让人肉麻得起鸡皮疙瘩。

不管赞美什么，都是说给人听的。要是忘却了这一点，赞美就是无的放矢，毫无实效。当你看到一个人拥有一辆名牌汽车时，你会怎样赞美呢？

有一位推销员曾经说，原先他以为"拍马"是拍拍马的屁股，让马感到很舒服，后来才知道"拍马"一词出自蒙古族。据说从前蒙古人的身份地位完全可以从他的坐骑看出，所以，当他们称赞一个人时，总是拍着他的马的屁股连声道："好马！好马！"既然马是好马，那骑在马背上的主人自然是好汉了。

你知道怎么赞美汽车了吗？会不会轻轻地摸着车子连声说："好车！好车！真漂亮！"如果这样说，可以说你还徘徊在"赞美"大门之外，尚未得其门而入，车子再漂亮，那也是汽车制造商的功劳，和车主有什么关系？直截了当、毫无特色、只管物品与人无关、隔靴搔痒……怎么能起到好的作用呢？拍一拍马的屁股，马还有反应，说不定还会喜欢上你；可你摸车子，车子会领你的情吗？

赞美是给人听的，非要与人挂上钩不可。在上述例子中，要是有人说：“这车子装饰得真漂亮！”说明他注意到了车主的活动，观察能力和思维方式都已入赞美之门，初窥赞美奥秘。

请问，当一个推销员到一个客户家里访问时，首先会对客户的哪些东西进行赞美呢？

如到客户家里拜访，高明的推销员会针对对方的能力大发感慨：“这房间布置得真别致，富有特色。”这是在赞赏客户的审美观。同样，对汽车也可以从“独特的”车内装潢入手赞美。而对一个女孩子说：“这样的衣服穿在你身上，可真是有气质！”这无疑是一种高超的恰到好处的赞美。紧紧盯住对方的知识、能力、品味，赞美做到这一步，算是有一定的造诣了。

除了“你很勤奋”之类的一般赞赏外，恭维客户的“精明”，向客户“请教”等都是推销员常用的赞美绝招。

推销员赞美客户，就是为了让对方获得良好的自我感觉。一个人的外表有美丑之分，能力有高低之别，这些都是难以求全的。但是一个人的心灵与其外貌、能力没有什么必然关系。明白这一点的推销员，会把赞美的目标转到对方的心灵。

“你开车这么稳，又谨慎，一看就知道你这个人做起事来也比较稳健，太好了！”

“你喜欢储蓄？好啊！谨慎，稳当。”

“你真是个热心人！”

“真没想到你这么细心！”

当你看到这段文字时，请你想象一下，如果有人对你说这样的话，你会有什么感觉？美国一个百科全书推销员是这样做的：当准客户露出一点点购买意向时，他立即把准客户的孩子们叫过来，对他们说："知道吗？你们的爸爸非常伟大！为了让你们学好知识，现在就开始给你们准备最好的书。你们要记住，你们有一位真心爱你们的好爸爸！"客户被一种神圣的气氛所感染，成交自然是顺理成章的了。这样的赞美高手，其功力已达到炉火纯青的地步。

"慷慨""大方""活泼""有朝气""豪爽"等是常用的有效的赞美之词。

有些推销员始终不会当面赞赏客户，总觉得那样做太露骨。要是你有这种心理，不要着急，更不要改正，因为你具备了达到赞美最高境界的良好条件。最好的赞美不是赤裸裸的、直白的，而是拐弯抹角、迂回婉转的。当一个人转告他人的赞美时，不但心里坦然，而且赞美的权威性和效果也能达到最高境界。

"你们老总上回跟我说，你工作又快又好，你办事，他最放心。"

"你的员工们跟我说，你不但有魄力，而且特别宽宏大量，跟你干是跟对了！"

中国人不太习惯于当面赞赏人，因此，当一个推销员向对方转告他或她没听过的背后赞美时，总会起到奇妙的作用。能熟练地运用这种方法的推销员，其赞美功夫可谓达到出神入化的地步了。

如果你觉得这样也说不出口，不要紧，还有一种更简单的方式，甚至开口都免了。推销员只需要用崇拜的眼神望着客户就行。若是这一点也做不到，那就退而求其次，只是专注地看着客户亦可。

如果你连好好看客户都办不到，那只好用最后一招：请人签名。使用这一招时，最好预备与客户有关的书籍、报刊、照片，一时找不到东西的话，拿出一个像样的本子，请客户签个名也可以。推销员得动动脑筋，想出自己的签名簿的名称。索取签名的威力将大大出乎你的意料。

赞美客户的方式多种多样，赞美客户的技巧也有高下之别，作为一名推销员，你一定要多多学习，因为无论在什么时候，赞美对方都是一种极其有效的推销手段。

欲擒故纵，说吊胃口的话抓住客户

在推销中，欲擒故纵是一种非常有效的推销手段，因为人的天性就是这样，越难得到的东西就越珍贵。因此推销员就应该运用推销心理学，吊吊客户的胃口。

相信搞过推销的人大都有同感：让对方下定决心，是最困难的一件事情。特别是要让对方掏钱买东西，简直难于上青天。半路离开推销这一行的人，十有八九是因为始终未能练就促使对方下决心掏钱的功夫。

这时候，推销员就可以试试欲擒故纵，抓住客户。

"这件艺术品很珍贵，我不想让它落到附庸风雅的暴发户手里。对那些只有一堆钞票的人，我根本不感兴趣。只有那些真正有品位，真正热爱艺术，真正懂得欣赏的人，才有资格拥有这么出色的艺术珍品。我想……"

"我们准备只挑出一家代理商打交道，不知道你够不够资格……"

在正式商谈前，用语言或动作让对方觉得他或她可能得不到某种东西，制造"得不到的最珍贵"效应。这也是欲擒故纵的变相形式。

在推销方面，窍门很多，如何运用欲擒故纵之计呢？就是在推销时，充分利用"重复商谈"给对方造成的利弊，或者让对方认定"再次商谈"有害无益，使之尽快逃避恐惧；或者创造一个"再次商谈"的机会。

在推销过程中，你不妨试试以下策略。在动作上，轻轻地把对方正爱不释手的商品取回来，造成对方的"失落感"，就是一个典型的欲擒故纵的例子。还有，让对方离开尚未看够的房子、车子，都是欲擒故纵的动作。采用这一类方法时，掌握分寸最为关键，万万不能给人以粗暴无礼的印象。

制造"成就感"也是一种不错的方法。美国超级推销员乔·吉拉德非常擅用这一手。

"我知道，你们不想被人逼着买下东西，但是我更希望你们走的时候带着成就感。你们好好商量一下吧。我在旁边办公室，有什么问题，随时叫我一下。"

显示对对方的高度信任，尊重对方的选择，让对方无法翻脸，并帮助对方获得成就感。表面上的"赊账成交"即属于此。

"拿一百元买个东西，却只想试一试？对你来说，可能太过分了。既然你对这种商品的效用有点疑虑，那么我劝你别要这么贵的。你看，这是五十元的，分量减半，一样可以试出效果，也不会白跑一趟嘛！反正我的商品不怕试、不怕比。"

以上这些诀窍都是为了尽量一次成交，不知你敢不敢真的放弃生意？至少要摆出一副不愿意成交的姿态。

请你仔细地体会一下，当一个推销员对你说："也许，这个不适合你，我劝你还是不要轻易地购买"时你会多么轻松！那么，你把这句话用在别人身上，效果不是一样吗？不管你怎么说、怎么做，"故纵"时不要忘了你的目的是"擒"。

俗话说："放长线钓大鱼。"所谓"长线"在思维中就是"故纵"的"纵"。如果一不小心弄断了"线"，怎能"钓大鱼"呢？不过话又说回来，一个人要想钓大鱼，总得经过几次被鱼吃掉鱼饵、摆脱鱼钩、挣断钓丝的教训吧？注意总结经验教训，鱼饵会做得越来越香，鱼钩也会放得越来越巧妙，线也会越来越结实，一拉一放掌握好节奏……总有一天，你会发现，你运用欲擒故纵的手段，已经炉火纯青了。

欲擒故纵是一种有效的推销方法，但在使用这种方法时，一定要表现得很诚恳，这样客户才会信任你。

暗示客户不买你的产品会很痛苦

很多时候，我们推销的商品都不是客户急需的，因此他们往往会犹豫不决，继而拒绝购买，很多交易就是因为这个原因成了泡影。为了提高成交的概率，推销员就必须把客户的问题或痛苦扩大，从而迫使客户愿意购买。

扩大痛苦的成交方法通常在推销保险或屋顶维修、设备维修等服务项目时较为有效。

美国最大的保险代理商伊德·伊尔曼曾对他的客户说："米格，即使你认为现在最好不做决定，我们今天也必须拿出一个解决办法来。这里有两条选择，你自己看着办。一条是你同意投资 3000 美元购买保险，而这份保险将来可能被证明买得没有必要。虽然你我都不愿意犯哪怕是 1 美元的错，但是我相信你的生意和生活方式绝不会因为这点小错误而被根本改变。另一种选择是你迟迟不做决定、无动于衷，这样或许能节约 3000 美元……但是你想过没有？这样也可能导致你损失 50 万美元的错误。难道你看不出现在要改正这个巨大的错误是多么的轻而易举吗？……尤其是当你处在生意发展最关键的时刻时。"

出色的人寿保险代理商，也运用同样的逻辑推理去说服一位客户每周投资 20 美元购买 5 万美元的保险单，他说："这就好像是我的公司建立一笔替您保管的特别款项，总额为 5 万美元。您每付一次保险费，这笔钱就增多一些。做生意就应该有投入也有收益。我呢，就负责替您积累资金——每周只有 20 美元！

"但同时，我还要为您做些别的。等到有一天您需要提取保险定金时，我会把 5 万美元填在现金登记本上，还要在您的纳税一栏写上免税二字。到那时，您或许要挣 10 万美元，不，您可能得挣 100 万美元才能抵得上这笔免税的保险偿付费。

"如果您愿意把 20 美元放在口袋里，我并不认为您会觉得很富有。如果您少了 20 美元，我不相信您会感到像破了产。坦率地说，要是您认识到了 20 美元能带来的巨大差异，您会很吃惊，可您现在没有……"

在这些例子中，客户面临着两种选择，一种选择可以使他得到潜在的利益，而另一种选择却意味着很大的风险，如果不做出购买决定的话，必将自担风险和损失。一位屋顶维修承包商也可以运用这样的逻辑来说服客户，他可以对他们说："我的公司维修您家的屋顶只收 2700 美元。要是您推迟决定的话，到时候说不定您必须付 1.5 万至 2 万美元的维修费，因为雨水可能会慢慢渗透屋顶，弄坏您家的天花板、墙壁、家具和地毯。"

同样，一位汽车机械师也可以用这样的技巧对客户讲："要是我们现在不给您的车安装一个新的发动机，那么飞轮的损坏只是迟早的事情。到时候，糟糕的还不止这些，您不得不花上1200美元去维修变速器。而我们现在谈的仅仅是300美元，况且还可以为您节约一笔可能出现的劳务费。"

面对推销员这种技巧，客户会在潜意识里感到必须重视这个自己原来没有意识到的严重问题，从而痛快地做出购买决定。

下面是又一个"因小失大"推理成交的典范：

一位推销员向准保户展示一套非常好的残废所得补偿计划。该推销员已经试探过两次了，而他两次都回答同样的答案："我就是需要一段时间考虑看看。"

推销员："这是很正常的反应。除了需要时间考虑之外，是否还有其他任何理由，使您不能立刻就申请投保这一套保障计划呢？"

准保户："没有其他的原因了，我只是需要时间考虑考虑罢了。"

推销员："先生，可以想象这么一幅画面：现在是上午10点钟，您正埋首于办公桌前，您觉得非常惬意！您心里正想着：.我真觉得满意，一切都很顺利，业务蒸蒸日上，利润越来越丰厚，情况真是再好不过了。"

"突然，电话铃响了。您拿起听筒，电话的另一端是您太太，她歇斯底里地告诉你，家里失火了，房子快被烧光了！您匆匆忙忙地丢下听筒，根本来不及听清楚下文，立刻冲出办公室。此刻，您的脑海里所想的是家里烧成平地的景象。"

"您上车，发动车子，火速地开出停车场，驶入大街，然后转个大弯朝家的方向前进。一部大卡车从对面的岔路拐过来，撞上您的车子，您知道这下子肯定完蛋了。您的车子朝着电话亭冲过去，卡车也轰然一声撞过来，车子就这样挤在电话亭和卡车中间。您爬出车外，看看自己并未受伤，车子却全毁了！"

"但是，家里还在着火呀！您招来一部正巧路过的计程车，钻进车子，并且将家里的住址告诉司机。车子停靠在您家门口，您坐在车里，瞪着火灾之后的废墟，因为过度茫然，几乎忘记该下车了——房子已经全毁了！您太太和孩子们正站在路边院子里，旁边还有几位邻居，大家都受到了惊吓。

　　这个时候，您心想：这是什么日子啊！几分钟前，我还为了自己的幸福而感到高兴。就在这几分钟之内，我失去了家，我的车子也全毁了。于是您下车，付钱给计程车司机，走到家人身边安慰他们……就在这个时候，住在隔壁的一位太太跑出来，说您有一个紧急的电话。

　　您跑进邻居家里，拿起听筒，听到一个很急促的声音向您解释，您办公大楼的暖气炉爆炸了，整栋大楼以及里面的设备全部毁了。您公司里的所有资产都付之一炬！

　　您坐在邻居家的沙发椅上，吓得失神了。您发现，就在一个钟头不到的时间内，您所拥有的一切全都毁灭了。您仍坚强地安慰自己：好啦，虽然我已经失去我的家、我的车子、我的事业——但是我的家人还好，所以我还算幸运。而且，办公大楼爆炸的时候，我人不在场，所以我还算幸运。我并未在车祸中受伤，所以我还算幸运……我仍然拥有我的健康，我可以跟从前一样，靠着勤奋工作，将所有的这些东西重新赚回来。"

　　"现在，李先生，让我们把您的房子、您的车子，以及您的公司全部还给您，而且让我们回到一个钟头前……

　　从头开始，现在是上午 10 点钟，您正忙着工作，您觉得非常惬意，您觉得诸事顺利。突然间，您的胸部一阵剧痛，而且觉得自己正逐渐失去意识，您完全昏迷了。

　　稍后——您不知道到底过了多久——您睁开眼睛，发现自己躺在床上。当您的视力开始恢复正常之后，您看到自己置身于医院的病房中，您太太正站在床边。她说：不要担心。我们大家都在这里，你会康复的。医生说你得了心脏冠状动脉血栓和阻塞，但是他确信你已经度过了危险期，你要好好休息一阵子。

你坚持要知道一阵子到底是多久。您太太说至少几个月之后，您才能起床走动，才能上班。之后当您回到公司工作，您有好几个月的时间，只能工作半天。

可贵公司的经常性成本必须支出——办公室租金、员工薪水，以及其他的费用。最先发生的事情是，您要太太结束公司的经营。再来则是，她将您的车子出售，换一部更旧的车子。而后，她出售住宅，你们便搬到公寓里去了。

在第二个情况中，您发现自己没有收入，这个情况岂不是比第一个情况更凄惨吗？"

准保户："是，是比第一个情况凄惨。"

推销员："当您丧失谋生能力时，保证您将不至于失去财产，岂不是很有意义吗？当您残废而不能工作时，由我们公司按月寄交支票给您，岂不是很有意义吗？"

准保户："的确。"

推销员："好。假使您曾有过心脏方面的任何问题，或者曾经有过高血压，我也没有办法要求公司为您签发这一套计划……"

准保户："我决定投保了……"

一般来说，你问的扩大客户痛苦的问题越多，客户就越会把你视为顾问，视为救星，他会越觉得你的来访是在帮助他解决问题或达成目标的。当然，也只有在与客户建立友谊信任的基础上，他才会把他的不满、难题告诉你。需要注意的是，在问扩大客户痛苦的问题之前，首先要明白自己的产品或服务究竟能帮助客户解决什么问题或达成什么目标。

扩大问题的方法是继续围绕这一问题发问。通常客户不想过多地谈论他们所担心的问题。客户通常不会思考问题继续下去会存在什么样的影响。他们会逃避思考"如果……会怎样……的问题"。

我们来看看下面这首有趣的诗：

缺少一颗钉子，就会掉一颗马蹄铁。

缺少一颗马蹄铁，就会影响一匹战马奔跑的速度。

战马跑不快，就会耽误一个情报。

缺少一个情报，就会输掉一场战斗。

战斗失利，就会导致输掉整个战争。

输掉整个战争，整个国家就会随之灭亡。

这一切都是因为缺少一颗钉子。

如果用上面的那个引导策略把一颗钉子卖给国王，你猜他会买吗？当然会。一颗钉子就有可能断送江山，国王当然愿意买一颗小小的廉价的钉子。扩大客户痛苦的过程也就是如何把客户的小问题变成大问题的过程。

每一场拳击赛都会给我们上一堂重要的销售课。想象一下，当一个好拳手打出致命的一拳之后会发生什么？对方被击中了。有时他会使对手的眼睛受伤，接着，他会猛击对方的薄弱部位，不会给他喘息的机会，对于销售而言，也是一样，当你发现潜在客户的忧虑、担心之处时，一定要继续追击，不要过于心软。

可以在扩大客户痛苦的问题中加一些关键的词语，如"如果……会怎么样……""那可能会引起……""那会有什么样的影响……""这最终会产生什么样的结果……"

这些问题都可以引发客户去深度思考、想象。那些小问题如果不解决，长此以往会对他的工作、家庭、健康等有哪些最坏的影响。当客户认为痛苦足够大时，他自然会购买。

如果你能让客户明白，不购买你的产品，不解决问题，将来会给他造成多大的痛苦，他就会很乐意与你达成交易。

在与客户的谈判中始终占据主动位置

在推销过程中，客户表示出购买意向后，双方不可避免的就要进行商谈，在达成共识后才能成交。这样一来谈判就成了一个非常重要的环节，只有商谈好价格等诸多细节，排除异议后，才能正式成交。

我们首先来看看推销中应该采取的谈判策略。

1. 找到双方认可的客观标准。在谈判的过程中，尽管充分理解对方的利益所在，并绞尽脑汁为对方寻求各种互利的解决方案，同时也非常重视与对方发展关系，但还是可能会遇到令人非常棘手的利益冲突问题。若就某一个利益问题互不让步，即使强调"双赢"也无济于事。

谈判中，在利益冲突不能采取其他的方式协调时，使用客观标准就能起到非常重要的作用。

例如，市场价值、替代成本、折旧率的计算等。要寻求并使用双方都认可的客观标准，这样双方才会认为谈判的基础是公平的，才能减少分歧继续谈判下去。实践证明，此种方式的谈判非常有效，可以不伤和气地快速取得谈判成果。

2. 不要太执着于各自立场。许多谈判僵持太久甚至一拍两散，就是因为过于重视立场或原则，双方各不相让。推销员应该明白，在谈判双方对立的立场背后，不仅存在冲突的利益，而且还存在共同的或可以彼此兼容的利益。

例如，在制造业的销售谈判中，双方往往坚持各自的价格立场互不相让。其实价格立场背后还会有许多利益的存在，而且这些利益的存在对双方并不一定就是冲突。价格中是否包括外包装的费用？双方交货时间的安排对谁更重要？运输的责任必须是由买方来承担吗？是想签订长期销售合同，还是一笔交易的合同？等等。

可见，一项合同谈判的立场背后还会有许多的利益因素。所以推销员必须彻底分析双方的利益所在，认清哪些利益对于自己是非常重要的，是决不能让步的；哪些利益是可以让步的，是可以用来作为交换的条件的。盲目坚持立场和原则，往往会使谈判陷入僵局或者使谈判彻底失败。

要知道，让步的谈判并不等于是失败的谈判。在谈判中最忌讳的是随意做出不恰当的让步。有经验的推销员会用对自己不重要的条件去交换对对方无所谓、但对自己却很重要的一些条件。这样才能达到双赢。

在谈判中，利益的交换是非常重要的。双方谈判能否达到双赢，主要取决于双方让步的策略，而识别利益因素往往依赖于双方之间的沟通。在谈判中，不妨向客户多问几个为什么，如"您为什么一定要特别要求……""您为什么不能接受……"等诸多问题，以此来探求对方的真实利益所在。在销售谈判中，对于利益问题，应注意强调你为满足对方利益所做出的努力，当然，你也要对对方的努力表示钦佩和赞赏。

3. "双赢"是最完美的结局。在许多谈判中，由于谈判者更多的是注重追求单方面利益，坚持固守自己的立场，而从来也不考虑对方的实际情况，结果买卖没有成交。如果片面地认为谈判对手的问题始终该由他们自己解决，谈判就是要满足自己的利益需要，替对方想解决方案似乎是违反常规的，这就大错特错了。

实践表明，成功的谈判应该使得双方都有赢的感觉。只有双方都是赢家的谈判，才能使以后的合作持续下去。因此，如何创造性地寻求双方都接受的解决方案乃是谈判的关键所在，特别是在双方谈判处于僵局的时候更是如此。

在掌握了推销策略的同时，推销员还应该学习一些谈判技巧，只有把策略和谈判技巧结合起来运用，方能收到最佳的效果。那么，常用的谈判技巧有哪些呢?

a. 营造好的谈判气氛。

b. 让别人认识了解你的立场、理由、观点。

c. 求同存异。一个问题一个问题地解决，让谈判继续下去，不要破坏谈判。

d. 要有耐心，不要期望对方立刻接受你的新构想。

e. 不要逼得对方走投无路，总要留点余地，顾及对方的面子。

f. 提出比预期达成目标稍高一点的要求，给自己留些余地。

g. 表现得小气一点，让步要慢，并且还得带点勉强的样子。

h. 为对方提供一项不失面子的让步方式，同时也使自己不致看来像是一个失败的谈判者。

i. 不要轻易亮出底牌，但要尽可能了解对手这方面的资料。

j. 伺机喊"中场休息"，以让对方有机会怀疑和重新考虑，而且让你有机会重获肯定的谈判地位或者以一点小小的让步，重回谈判桌。

k. 在谈判过程中，突然改变方法、论点或步骤，使对方陷入混乱或迫使对方让步。

l. 表现一点不耐烦的情绪化行为，必要时，可以提高嗓门，逼视对手，这一招或许可以让对手为之气馁，也可显示你的决心。

m. 纵使是对方小小的让步，也值得你争取。小小的让步，就对方而言或许算不了什么，但对你来说可能非常重要，说不定对方举手之劳，就能为你省下不少时间，减少不少麻烦。

在推销谈判中，推销员 定要把策略和技巧结合起来运用才能解决问题，促成交易，过分退让或太强硬对谈判都没有好处。

CHAPTER 08

妙言破心

找到求人的突破口，人家才愿意跟着你的节奏走

我们现实生活中有太多无奈，有时你不得不去求人。求人的要义在于察言观色揣摩对方心理，选择适当话题以缩短彼此之间的距离，使自己逐渐被对方接受，随后才将话题引向自己的意图，这样才是成功之道。反之，如果打一个招呼就开始讲自己的来意，迫不及待地反复强调自己的想法是如何如何，以及帮助自己有什么好处，这样往往事与愿违。

有求于人，先以礼貌敲开心门

中国是礼仪之邦，说话办事能否顺利达到目的，礼貌举止有时会起到很大的作用。

礼貌是一种柔韧的智慧，这种平和和内敛表达着对别人的尊重，不会激起对方的反感，也就自然地给自己扩宽了很大回旋空间，这就是君子生活在人性丛林中必须遵守的规则，"有礼走遍天下，无礼寸步难行"。从这个意义上讲，没有礼貌的人是举步维艰的。

一个年轻人在下雨天赶到一家公司面试，进门前，他尽力将雨伞上的水弄干，又在门口的脚垫上仔细地擦了擦脚底的泥水，进门后他把雨伞轻轻倚在门口的墙上，然后向面试官鞠躬问好。经过半个多小时的问答后，年轻人起身告辞，并为自己在雨天来访所带来的麻烦表示道歉。这次招聘一共对七十多人进行了面试，他们的条件都很不错，有的有大企业工作经验、有的有学校的推荐信，但最后录取的却是那位条件并不出众，在雨天面试的年轻人。助手不解地问主管："那个年轻人既缺少经验，又没有学校的推荐信，为什么偏偏录取他呢？"主管笑了，"谁说他没有推荐信，他的礼貌就是最好的推荐信！"

年轻人有礼的举止，使他在七十多个应聘者中脱颖而出，受到了考官的青睐，可见礼貌对人的影响是非常大的。人际交往中，促使人与人之间相处圆满的最好方法就是"礼"。它代表尊敬、尊重、亲切、体谅等意义，同时也表现出个人修养。

"人而无礼，不知其可"，粗俗的言行与得体的礼貌将产生截然不同的交际效果。

和别人打交道，总是以称呼开头，它好像是一个见面礼，又好像是进入社交大门的通行证。称呼得体，可使对方感到亲切，交往便有了基础。称呼不得体，往往会引起对方的不快甚至愠怒，双方陷入尴尬境地，致使交往梗阻甚至中断。那么，怎样称呼才算得体呢？

1. 考虑对方的年龄特征

见到长者，一定要呼尊称，特别是当你有求于人的时候，比如："老爷爷""老奶奶""大叔""大娘""老先生""老师傅""您老"等，不能随便喊："喂""嗨""骑车的""放牛的""干活的"等，否则，会使人讨厌，甚至发生不愉快的口角。另外，还需注意，看年龄称呼人，要力求准确，否则会闹笑话。比如，看到一位20多岁的妇女就称"大嫂"，可实际上人家还没结婚，这就会使人家不高兴，不如称她"大姐"合适。

2. 考虑对方的职业特征

我们在社会上看到一些青年人，不管遇到什么人都口称"师傅"，难免使人反感。可见在称呼上还必须区分不同的职业。对工人、司机、理发师、厨师等称"师傅"，当然是合情合理的，而对农民、军人、医生、售货员、教师，统统称"师傅"就有些不伦不类，让人听着不舒服。对不同职业的人，应该有不同的称呼。比如，对农民，应称"大爷""大娘""老乡"；对医生应称"大夫"；对教师应称"老师"；对国家干部和公职人员、对解放军和民警，最好称"同志"。在新的历史条件下，随着改革和开放的深入发展，人们的社会交往日渐频繁和复杂，人们相互之间的称呼也就越来越多样化，既不能都叫"师傅"，也不能统称"同志"。比如，对外企的经理、外商，就不能称"同志"，而应称"先生""小姐""夫人"等。对刚从海外归来的港台同胞、外籍华人，若用"同志"称呼，有可能使他们感到不习惯，而用"先生""太太""小姐"称呼倒会使人们感到自然亲切。

3. 考虑对方的身份

有位大学生一次到老师家里请教问题，不巧老师不在家，他的爱人开门迎接，当时这位学生不知称呼她什么为好，脱口说了声"师母"。老师爱人感到很难为情，这位学生也意识到似乎有些不妥，因为她也就比这位学生大10多岁。遇到这种情况该怎么称呼呢？按身份，老师的爱人，当然应称呼"师母"，但是，人家因年龄关系可能不愿接受。最好的办法就是称呼"老师"，不管她是什么职业（或者不知道她从事什么职业）。称呼别人老师含有尊敬对方和谦逊的意思。

4. 考虑自己与对方之间的亲疏关系

在称呼别人的时候，还要考虑自己与对方之间关系的亲疏远近。比如，和你的兄弟姐妹、同窗好友、同一车间班组的伙伴见面时，还是直呼其名更显得亲密无间，欢快自然，无拘无束。否则，见面后一本正经地冠以"同志""班长""小姐"之类的称呼，反倒显得外道、疏远了。当然，为了打趣故作"正经"，开个玩笑，也是可以的。

在与多人同时打招呼时，更要注意亲疏远近和主次关系。一般来说以先长后幼、先上后下、先女后男、先疏后亲为宜。在外交场合，宴请外宾时，这种称呼先后有序更为重要。

5. 考虑说话的场合

称呼上级和领导要区别不同的场合。在日常交往中，对领导、对上级最好不称官衔，以"老张"、"老李"相称，使人感到平等、亲切，也显得平易近人，没有官架子，明智的领导会欢迎这样的称呼的。但是，如果在正式场合，如开会、与外单位接洽、谈工作时，称领导为"王经理"、"张厂长"、"赵校长"、"孙局长"等，常常是必要的，因为这能体现工作的严肃性、领导的权威性和法人资格，是顺利开展工作所必需的。

6. 考虑对方的语言习惯

我国幅员辽阔，人口众多，方言、习俗各异。在重视推广普通话的前提下，还要注意各地的语言习惯。违背了当地的语言习惯，就可能碰钉子。

有人在承德避暑山庄碰到这样一件事情：

几个年轻人结伴去旅游，这天他们从避暑山庄出来，想去外八庙，为了抄近路，两个小伙子上前去问路，正遇上一个卖鸡蛋的农家姑娘。一个小伙子上前有礼貌地叫了声："小师傅！"开始这姑娘没有答应，小伙子以为她没听见，又高声叫一声，这下可激怒了这位姑娘，她嘴上也不饶人，气呼呼地说："回家叫你娘小师傅去！"两个小伙子还算有涵养，压了压火气，没有发作。本来是有礼貌地问路，反倒挨了一顿骂。这是为什么？后来才知道，当地的农民管和尚、尼姑才称"师傅"，一个大姑娘怎愿意听你称她"小师傅"呢？两个小伙子遭到痛骂也就不奇怪了。

礼仪看起来好像简单，但处理不好会耽误大事。三国时，袁绍谋士许攸投奔曹操后，向曹操献了一计，致使袁绍失败，他自恃功高，在曹操欲进翼城城门时一句"阿瞒，汝不得我，焉得入此门？"为自己掘好了墓坑。所以，有一日，许褚走马入东门，他再次以"汝等无我安得入此门"发问时，被许褚怒而杀之了，并且将其人头献给了曹操。虽然曹操深责许褚，但从许褚献头时所说"许攸无礼，某杀之矣！"的理由看，不能不说许攸是死于曹操之手，因为其只对许褚"无礼"是不可能被随便杀之的，最起码曹操有默许之嫌。可见有礼与无礼有生死之别。

据说有这么一件事，一位妇女抱着小孩上火车，车上位子已经坐满，而这位妇女旁边，一位小伙子却躺着睡觉，占了两个人的位子。孩子哭闹着要座位，并指着要他让座。小青年假装没听见。这时，小孩的妈妈说话了："这位叔叔太累了，等他睡一会儿，他就会让给你的。"

几分钟后，青年人起来客气地让了座。

这位妇女无疑处于一个"求人"的地位，她能靠一句话而求人成功，聪明之处正在于以一个"礼"字把对方架在了很高的位置：他应该休息，而且他是个好人，因为如果他不"睡"了，他会主动让给你的。显然，一个再无礼的人面对这样的礼貌也不会无动于衷。

谁都愿听顺耳话，何况是在被人求的时候，明白了这一点，在求人办事时就应该知道怎么做了。

求人要有颜色，看清眉眼高低

人活着就不可能无事，大事、小事、喜事、愁事、烦心事……这些"是是非非"是不以我们的意志为转移的，我们必须面对，必须解决。而想解决一些难办的事，你还必须学会求助于人。

张明明第一次拜访李行长时，李行长正大发雷霆。小保姆猥猥琐琐地站在一边，哭哭啼啼，腿肚子直打战。行长夫人坐在沙发上，嘴里一个劲儿说："让你小心，小心的，结果……"

张明明一看地上摔碎的茶壶茶碗，心里明白了大半。他将几包土特产放在茶几上，屁股没沾沙发，赶紧退出。李行长在气头上，连吭都没吭一声。

张明明打辆的士，在贵友商厦，高价买了一套仿古茶具，又买了几种茶叶。等再次返回李行长家时，行长夫人说，行长睡了。张明明心里清楚，行长准是进屋生闷气去了，不然，大上午的，谁会躲在屋里睡懒觉呢。

张明明将一套新的茶具奉上，煞有介事地吩咐小保姆烧壶水，然后与行长夫人侃起了茶经。他说，这茶有清明茶，清香怡人，有春天的味道，喝过有滋阴养颜的作用；有重阳茶，香醇浓郁有秋实硕果的感觉，喝过消渴壮阳；若要喝绿茶，最好喝春天采的；若要喝红茶，秋天采的好红茶铁观音，武夷山的最地道；花茶龙井，黄山的正宗；绿茶毛峰，江西韶山的没得比……

张明明不懂装懂，将茶叶样样沏好，让行长夫人品。张明明越谈声越高，不知不觉卧室的门开了，李行长疑惑地走出来。

张明明一抬头，哎哟一声："不好意思，在行家面前班门弄斧了，见笑，见笑。"李行长一眼盯住这套茶具，脸上泛上红晕。张明明马上奉承道，还是请专家来讲讲茶道吧。

李行长一副泰然神色，稳坐在沙发上，将茶碗冲刷一下，摆好，咳嗽一下说，喝茶讲究就大了，而且喝茶有很深的文化内涵。品茶不但要茶好，茶具好，水也很重要……喝功夫茶，学问就更大了，这头遍茶就像十三四岁的少女，太嫩，闻着香，品无味；这二遍茶就像十七八岁的大姑娘，风华正茂，闻着香，品也有味；这三遍茶就像二十出头的小媳妇，成熟泼辣，香味殆尽，但更值得品，耐人回味……

张明明大开眼界，大长见识，不住地说佩服佩服。一壶茶品了两个小时。日渐中午，李行长吩咐下厨，留张明明吃饭。张忙推却，告辞之际，提出贷款一事。李行长不加犹豫地说，星期一到我办公室办手续。

张明明折腾了一上午，终于达到了目的。

世上没有办不成的事，只有不会办事的人。一个会办事的人，可以在纷繁复杂的环境中轻松自如地驾驭人生局面，凡事逢凶化吉，把不可能的事变为可能，最后达到自己的目的。其中的关键是看你用什么方法、用什么技巧、用什么手段。会办事的人，做起事来顺风顺水，能够把各种各样的事情办得尽善尽美；会办事的人，人生总是一帆风顺，能够取得伟大的成就。

做人要出色，首先就要有眼色，一个不识眉眼、不懂把握分寸的人，只会让自己吃亏。是故求人办事时，一定要分清眉眼高低，把握火候，如果对方情绪不佳，马上退步；或换个话题，引对方兴趣，令其愉悦。之后再提出要求，对方才乐于接受。

"不经意"地迎合对方的兴趣

生活中，我们求人办事或是欲与对方达成某种合作、谈成一笔生意，单单陈述"事"的内容，未必能够得到满意的答复。所以，必要时我们不妨"耍点心眼"，从对方的某一"偏好"入手，这种心理攻势一定会令你受益匪浅。

但事实上，要掌握这种说话"计巧"也绝非易事，它需要我们把握两个要点：第一，说话之前要观察准确，确保做到投其所好；第二，以"不经意"的方式"随口"说出来，让对方不会产生被刻意讨好的感觉。

大家不妨一同去看看凯文先生是怎样做的。

伦敦一家糕点公司的总经理凯文先生，希望能将自己公司生产的糕点卖给一家星级宾馆。2年来，他一直在打这个主意，他几乎每个周末都去拜访该宾馆的老总。例如，凯文先生如果知道那位老总去参加某一聚会，为了创造个见面的机会，他一定会尾随而去。最后，他甚至在该宾馆包下了一所房间，只为获得生意，可是他的心思都白费了。

凯文先生说："后来，我详读了不少人际关系方面的文本，这时才知道我的策略不对——我应该换个思路吗，想办法查清他的兴趣所在，找出他感兴趣的话题。"

凯文先生发现，这位老总是英国旅游协会会员，他不但是会员，而且由于热心推进该团体的业务，后又被推选为旅游协会的名誉会长。无论协会举行什么会议，不管开会地点在哪，他都会不辞劳苦，乘飞机飞越高山、横跨大洋，前去参加。

至此，凯文先生已有了主意。第二天见到该老总时，他慢慢谈起了自己的旅游心得，果然取得了极好的反应——那位老总向凯文先生讲述了自己在世界各地的所见所闻，并逐渐延伸到旅游协会的一些情况。他谈到这些时神采飞扬，让人一眼就能看出，旅游是他的兴趣所在，也是他生活中的一部分。最后，在凯文先生与他分手时，该老总甚至还邀请凯文先生加入他们的团体。

从始至终，凯文先生都没有提到生意上的事情，但仅在2天后，那家宾馆的采购部经理，便打电话请凯文先生将糕点价目和样品送过去。结果可想而知，凯文先生终于将自己的糕点卖给了那家宾馆，而且还签订了长期合作的协议。

对此，凯文先生自己也颇为惊讶，他说："我在他身上花了2年时间，一直想要与他合作，但始终未能如愿。如果不是煞费苦心地找出他的兴趣所在，真不知道还要花费多少时间和精力呢！"

为什么那位一改常态，突然接受了凯文先生？试想，如果凯文先生一见面就直奔主题，大谈生意经，结果又会怎样？凯文先生成功的"绝"窍，就在于他了解谈判对象。他从对方的兴趣入手，使对方的话多了起来，并将他视为知己。如此一来，这笔生意自然也就手拿把攥了。

可以说，促成这笔生意的关键，就在于"曲意逢迎"。凯文先生喜欢旅游吗？未必！他来此的目的是什么？当然是谈生意。但他并没有显露自己的真实意图，而是"曲意"去迎合对方的兴趣，终于为自己赢得了一位朋友和大客户。

人是群居性动物，没有人不希望自己被人了解、被人认可、被人尊重，没有人可以只活在自己的世界中，不与任何人进行交流，因为只有在群体中与别人分享自己的故事或想法，人才能找到归属感。与人交谈时，倘若希望对方喜欢你或是接受你的某种要求，不妨用心找出他的兴趣所在，挑选他感兴趣的话题作为谈话的开始，这样，沟通的效果一定会更好。

投其所好，达成心理上的共鸣

日常交往并不总是在熟人间进行，但求人办事则常常要闯入陌生人的领地。进入一个陌生的家庭环境里，要迅速打开局面，首先要寻求理想的"突破口"。

求人办事的最佳捷径，就是要投其所好。如果你能做到这一点，所说的话就可以打动人心；但如果你反其所好，就一定会招来对方的反感，令自己无功而返。

譬如，人常说：要讨母亲的欢心，莫过于赞扬她的孩子。聪明的人应该利用孩子在交际过程中充当沟通的媒介，一桩看似希望渺茫的事，经过孩子的起承转合，反倒迎刃而解。

纽约某大银行的乔·理特奉上司指示，秘密进入某家公司进行信用调查。正巧理特认识另一家大企业公司的董事长，这位董事长很清楚该公司的行政情形，理特便亲自登门拜访。

当他进入董事长室，才坐定不久，女秘书便从门口探头对董事长说："很抱歉，今天我没有邮票拿给您。"

"我那 12 岁的儿子正在收集邮票，所以……"董事长不好意思地向理特解释。

接着理特便开门见山地说明来意。可是董事长却含糊其辞，一直不愿做正面回答。理特见此情景，只好离去，没得到一点儿收获。

不久，理特突然想起那位女秘书向董事长说的话，邮票和 12 岁的儿子。同时，也联想到他服务的银行国外科每天都有许多来自世界各地的信件，有许多各国的邮票。

第二天下午，理特又去找那位董事长，告诉他是专程替他儿子送邮票来的。董事长热诚地欢迎了他。理特把邮票交给他，他面露微笑，双手接过邮票，就像得到稀世珍宝似的自言自语："我儿子一定高兴得不得了。啊！多有价值！"

董事长和理特谈了 40 分钟有关集邮的事情，又让理特看他儿子的照片。一会儿，没等理特开口，他就自动地说出了理特要知道的内幕消息，足足说了一个钟头。他不但把所知道的消息都告诉了理特，又召回部下询问，还打电话请教朋友。理特没想到区区几十张邮票竟让他圆满地完成了任务。

其实，再强硬、再难打交道的人，只要能找到他感情的软肋，事情就好办。人心都是肉长的，你的话如能让他的心窝子热乎乎的，求人办事会变成别人主动为你办事。

求人办事，尤其是有求于关系不深的人时，倘若不能利用机会，投其所好、找出话题，就很难取得沟通的成功。沟通不良，则所求之事多半是要没戏的。所以，我们在与人交谈时，一定要认真观察，仔细揣摩，抓住突破口，为自己奠定一个成功的基础。

你在办事时，如果希望人们相信你是对的，并按照你的意见行事，那首先就要了解对方喜欢什么，并投其所好，否则，你就会不可避免地遭遇失败。一般而言，老人、孩子更容易接近，也是你寻找突破口的好素材，有了"突破口"，便可以以点带面或由此及彼地发挥开去，从而实现让对方在感情上接受你的效果。

软磨硬泡，磨到对方无可奈何

既然是求人，不可能你说什么人家听什么，难免有驳你面子的时候。这时候就需要一点厚脸皮。

"厚脸皮"绝不是不要脸，所以不管"泡"也好，还是"厚"也好，都要有度，度是办事成功的标尺。

求人办事时，要想得到满意的结果，必须把虚伪的面子放在一边，成为一个厚脸皮的人。李嘉诚年轻时在香港担任推销员的经历，是这个道理的绝好阐释。

当年，李嘉诚每天都要背一个装有样品的大包马不停蹄地走街串巷，从西营盘到上环岛中环，然后坐轮渡到九孔半岛的尖沙咀、油麻地。

在推销产品的时候，李嘉诚经常遭到客户的拒绝，但过了一段时间之后，他又毫不气馁地再次来到客户的门口。这时即使客户绝情地说："你这人脸皮真厚，我们不买你的产品，即使你再跑几次也是白费口舌。"李嘉诚仍然不在乎，笑嘻嘻地说："没关系，说话跑腿就是我的工作职责，只要您能给我一点时间听我介绍产品就行了。"就这样，李嘉诚不停地来介绍自己推销的产品，几次下来，客户看到他汗水淋淋，却还满脸笑容，不买就觉得过意不去了，于是最终还是买了。

通过厚着脸皮硬磨的方法使对方不断积累微笑的心理负担，当这种心理负担扩大到一定程度时，对方就只能让步了。

因此，我们在找人办事儿时，既要有自尊，但又不要抱着自尊不放，为了达到交际目的，有时脸皮不妨厚一点，碰个钉子，脸不红心不跳，不气不恼，照样微笑与人周旋，只要还有一丝希望就要全力争取，不达目的绝不罢休。有这样顽强的意志才能把事情办成。靠"脸皮厚"来成就自己的主要手段可以归纳三点：

1. 耐着性子"泡"

某建筑工地急需 60 吨沥青。采购员到物资部门请领，但负责此事的处长推说工作忙要等两个月才能提货，采购员非常着急，他怎么能等两个月呢？当他了解到仓库里有现货，只是因为自己没"进贡"人家才拖他时，更是怒从胸中来，真恨不得马上找对方好好"说道说道"。

但他竭力控制自己的感情，思索着解决问题的办法。他手头一无钱二无物，给人家"进贡"是不可能的了。他决心和那位处长大人软缠硬磨。

从第二天起他天天到处长办公室来，耐心地向处长恳求诉说。处长感到烦，不理睬他。你不理，他就坐在一边等，一有机会就张口，面带微笑，彬彬有礼，不吵不闹，心平气和地恳求诉说。处长急不成火不成，推不过赶不跑。"泡"到第五天，处长就坐不住了，他长吁一声："唉，我算服你了。照顾你这一次，提前批给你吧！"

2. 厚着脸皮"追"

有位香港女作家，在浓浓的浪漫情调中与大陆某男士结成情缘，她曾经宣称那位男士是追她的男朋友中条件最差的。但她为什么偏偏选中了这一位呢？

事情的起源要追溯到几年前，那是她第一次赴上海，是为洽谈自己的小说授权给上海某家出版社出书而前往的。一次晚宴上，女作家和这位男士相遇，男士深为女作家的人生体验所感动，晚宴后就告诉她一句惊人之语："我可以追求你吗？"

她当时未予理会，只当成是一句玩笑话。不料男士真的开始展开猛烈追击，每天从早上开始，他就带上好多朋友，一起在她下榻的酒店"站岗"。

对于男士此举，女作家感觉如遇"恐怖分子"，不敢踏出饭店一步。紧盯不放的男士便不断以电话"骚扰"女作家，并告知她："如果再不露面，便要通知你的所有朋友，告诉他们我要追你。"

被逼得无路可跑的女作家急中生智说："你请我喝咖啡，我们好好聊聊。"

她知道大陆人收入比较低，索性一口气喝了五六杯咖啡，准备使追求者"破产"。结果他也跟着叫了五六杯咖啡，结账时不但没有囊中羞涩，反而给了服务员一笔数目不小的小费。女作家让对方知难而退的计谋没有得逞。

最激烈的是，就在她在上海的最后一夜，鼓足勇气的那位男士，竟在大庭广众面前吻了女作家。霎时花容失色的女作家久久不能言语，随后激动得几乎落泪说："你怎么可以这样。"

当她离开上海，那男士更是一路穷追猛打。女作家赴西安，他便追踪到西安；她抵达台北，他给女作家的越洋电话不知打了多少遍。

至此，女作家说："只要我存在于地球上一天，似乎都无法逃出他的手掌心。"只好表示投降，宣告与他交往，最终走向婚姻的殿堂。

3. 壮起胆子"磨"

死缠烂打这种事对上司使用，是要冒风险的。因为上司一般掌握着自己的"生杀大权"，一不小心就会被"推出午门"。所以在上司面前用此黑色智慧，必须壮起胆子。

有一次赵普向宋太祖推荐一位官吏，太祖没有允诺。赵普没有灰心，第二天临朝又向太祖提出这项人事任命请太祖裁定，太祖还是没有答应。

赵普仍不死心，第三天又提出来。

连续三天接连三次反复地提，同僚也都吃惊，赵普何以脸皮这样厚、胆子这样大。太祖这次果然动了气，将奏折当场撕碎扔在了地上。

但赵普自有他的做法，他默默地将那些撕碎的纸片一一拾起，回家后再仔细粘好。第四天上朝，他话也不说，将粘好的奏折举过头顶立在太祖面前不动。

太祖不胜其烦，也为其所感动，长叹一声，只好准奏。

脸皮厚绝不是不要尊严，而是看准了一个目标，不管任何艰难险阻直观前进的一种方式。面子当然也很重要，但也要有一个限度，到了"死要"面子的地步，也就只能"活受罪"了。再说不客气点，面子能值几个钱？对于男人而言，成事才是最重要的。

另外，平常说话办事中还有一种较好的办法，叫"泡蘑菇"，也属这个范畴。就是不管对方答应不答应，采取不软不硬的蘑菇战术，不达目的誓不罢休。即不怕对方不高兴，在保证对方不发怒的前提下，让对方在无可奈何中答应你的要求。但使用这种方法要适度，也就是说，想"泡蘑菇"，不仅要能"泡"，还要会"泡"。换言之，"泡"，不是消极地耗时间，也不是硬和人家耍无赖，而是要善于采取积极的行动影响对方，感化对方，促进事态向好的方向转化。

俗话说："人心都是肉长的。"不管双方认识距离有多大，只要你善于用行动证明你的诚意，就会促使对方去思索，进而理解你的苦心，从固执的框子里跳出来，那时你就将"泡"出希望了。

求助上级，用软话激发同情心理

世界上所有的人差不多都具有同情弱小和怜悯困难者的情感，找上司办事能否获得应允，有时恰恰是这种同情心在起作用。所以，不管你平时多么耿直自傲，这时候必须低下头来说软话，摆出一副可怜相才行。

通常情况下，人们是不愿轻易去找上级办事儿的，上级盛气凌人的"架子"在一般下属那里是不会被愉快地接受的。一般而言，下属不到万般无奈和迫不得已的时候，是不会随便提出一件事让上级烦心的。所以，对一个人情世故相对成熟的下属来说，不经过"三思"，只靠脑瓜儿一热乎便去找上级办某件事的人可谓寥寥无几。

你的事情几乎都可以涵盖在"困难"二字之下，如经济困难、思想困难、情感困难、地位困难等，找上级办事儿，说穿了无非是托他们帮助解决这些"困难"。即言困难就有一些不堪重负的苦衷，要想把事情办成，最好的方法就是如何把这些苦衷通情达理、不卑不亢地"吐"出来，诱使上级产生同情心，从而帮助你把事情办好。

要引起上级同情，必须了解上级自身的人生经历和社会经历，对上级曾经有过类似的切身感受过的事情，容易得到同情，从而得到支持和应允。

要引起上级同情，说低头话时必须在人之常情上下功夫，必须把自己所面临的困难说得在情在理、令人痛惜惋惜和可悲可怜。所以，越是哪一点给自己带来遗憾的地方和痛苦的地方，则越是大加渲染，这样，上级才愿意以拯救苦难的姿态伸出手来帮助你办事儿，让你终生对他感恩戴德。因为大凡能激发人的公正之心、慈悲之心和仁爱之心的事情，都能引起人们的同情和帮助，都能使人在帮助他人之后产生一种伟大的济世之感。

要引起上级同情，必须了解上级的好恶，了解他平时爱好什么，赞扬什么，又愤慨什么，了解他的情感倾向和对事物善恶清浊的评判标准。上级的同情心有时是诱出来的，有时是忙出来的。如果上级对某个朋友有成见认为他水平很差，他不得志和受排挤，是不足为怪的。那么，你要帮朋友解决常年在基层受压抑之苦，并想借此引起上级的同情，可能就是一件相当困难的事情了。只有没有成见的时候，才能产生同情心。

同情心可以促进上司对你的理解，但这并不等于说马上就会下定帮你办的决心，因为上司要考虑多方面的情况，有时会处于犹豫之中，甚至会抱着多一事不如少一事的态度，不想过问。这时，就需要你努力激发上司的责任感，要使上司知道，这是在他职责范围内的事，他有责任处理此事，而且能够办好此事。

说到底，人是有感情的动物，在求上司办事时，利用上司善良的同情心说低头话，如果运用方法恰当，即使上司铁石心肠，也能收到"以情感人"的奇效。

四步骤帮你轻松突破被求人心理壁垒

求人办事有多种多样的方式，其中很大一部分是由口头提出的。人们不难发现，同样的请求内容，不同的人，用不同的方法和语言表达出来，得到的结果常常是不一样的。

那么，怎样才能使被求者乐意答应自己的请求呢?

求人语言要做到诚恳、礼貌，不强加于人（有时还需要委婉）。

所谓诚恳是指要让被请求者感到你是发自内心地求助于他，从而重视你的请求。这是求人成功的先决条件。

所谓礼貌是指应该尽量选用被请求者乐意接受的称呼，像在问路、请求让座时，这一点就显得非常重要。问路时，称对方为"老头"、"小孩子"，那你肯定一无所获；若改用"老人家"、"小朋友"等，效果就会好些。

不强加于人是指不用命令的语气，而多用委婉、征询的口气，例如，尽可能地使用"麻烦……""劳驾……""可以……吗?"这类句式，即使对相识者也不妨这样。

下面，我们介绍几种运用求人语言的具体技巧，也许会有助于你的请求得到最理想的答复。

1. 以情动人

这一般用于比较大的或较为重要的事情上。把对人的请求融入动情的叙述中，或申述自己的处境，以表示求助于人是不得已之举；或充分阐明自己所请求之事并非与被请求者无关，以使对方不忍无动于衷、袖手旁观。

2. 先"捧"后求

所谓"捧"在这里是指对所求的人的恰到好处、实事求是的称赞，并不包括那种漫无边际、肉麻的吹捧。求人时说点对方乐意听的话，尤其是顺便就与所求的事有关的方面称赞对方一下，也不失为一种求人的好办法。

3. "互利"承诺

这是指在求人时不忘表示愿意给对方以某种回报，或将牢记对方所提供的好处，即使不能马上回报对方，也一定会在对方用得着自己的时候鼎力相助。配以"互利"的承诺，让对方觉得他的付出值得，同时也会对求助者多一分好感。

4. 寻找"过渡"

倘若向特别要好和熟悉的人求助，可以直截了当、随便一点。但有时求助于关系一般的人、生人或社会地位较高的人时，则常常需要一个"导入"的过程。这个导入的过程可长可短，得视情况而定。

此外，还要尽量防止自己的话无意间冒犯了对方。所以，在有求于人时应事先对对方有所了解，若无意中冲撞了对方，岂不前功尽弃？

老实做人，诚实说话这是做人的一点基本，但在求人办事时，一味地说实话、直话，也未必能达到求助的目的，这就要求我们灵活应对，根据具体情况选择合适的说话方式。但无论怎样，我们必须记住，求人办事时言语一定要有分寸，态度要诚恳，有耐心，不急躁，切忌用生硬的语气催问对方。

CHAPTER 09

热言暖心
交谈中的情感对接，少不得走了心的情真意切

　　"言为心声"，口才最重要的是要以情感人，没有感情
就等于人没有生命。从表面上看，口才是用嘴巴去叙述，
而实际上，是用心、用感情去和听者进行交流。在说话时，
假如我们能够调动自身的激情，以情感人，那么，听者的
注意力便在我们的掌控之下，我们就掌握了开启听众心灵
之门的钥匙。

在话语中倾入真情，轻松打动人心

说话贵在有情。充满真诚实感的话语才能感染人。充满感情、融入真情的语言最能打动人心。巧妙地运用充满真情的话语，可以使说者与听者产生情感上的共鸣，促进交流双方建立更加融洽的关系，形成良好的沟通氛围。所以说话一定要注入情感的因素，真诚的语言才能打动人心、感染他人。

美国南北战争结束后，有一个叫约翰·爱伦的普通人和一个在南北战争中的著名英雄陶克将军竞选国会议员。陶克功勋卓著，曾任过两三次国会议员，口才也很好。他在竞选演讲即将结束时，还说了几句很带感情色彩的话：

"诸位同胞们，记得十七年前（南北战争时）的今天，我曾带兵在一座山上与敌人激战，经过激烈的血战后，我在山上的树丛里睡了一个晚上。如果大家没有忘记那次艰苦卓绝的战斗，请在选举中，也不要忘记那吃尽苦头、风餐露宿造就伟大战功的人。"

这话应该说是很精彩的，许多听众都认为爱伦定输无疑了。然而，爱伦不慌不忙，说了几句很轻松的话，便扳回了败局。他是这样说的：

"同胞们，陶克将军说得不错，他确实在那次战争中立了奇功。我当时是他手下的一个无名小卒，替他出生入死，冲锋陷阵。这还不算，当他在树丛中安睡时，我还携带了武器，站在荒野上，饱尝寒风冷露的味儿，来保护他。"

这话比陶克说得更高明了。因为听众中许多人是南北战争时的普通士兵，所以，爱伦的话更容易激起这些人的共鸣。于是，爱伦居然击败了陶克，胜利地跨进了国会大厅。

大家都爱听刘兰芳说《岳飞传》吧。她为什么说得那么好呢？这与她在书中贯注满腔激情分不开。

许多老演员曾经告诫她，岳飞风波亭受刑一段是说书人"败笔"之处，很难收到艺术效果，一些老演员往往是避而不讲。但是，刘兰芳却认为这一段只要演员深深地"进入角色"，反而更为感人。于是，她大胆突破陈规，对岳飞受刑进行了满含深情的渲染，充分展示了人物的高风亮节。当她说到岳飞不顾皮肉剧痛，在生命垂危之际，依然忧国忧民、仰天长啸气吞山河的《满江红》时，深为岳飞的英雄气概所感动，止不住热泪滚滚夺眶而出。

正是因为刘兰芳这样声情并茂的表演，所以，每次播讲时，都牵动了千千万万听众的心。

一位女教师找到刘兰芳，紧紧握住她的手说："你讲的奸臣得势，忠良受害，真是太感人了。我想听又不敢听，最后还是下决心流着泪听完了……"

美国成功学家卡耐基劝诫所有的演讲者：不要抑制自己真诚的情感。要让观众看到，演讲人对自己谈论的话题多么热忱、多么富有情感。

每个人都有激情，只是在现实生活中，很少有机会表现出来，而且一般人都不愿意将自己的感情当众流露，因此，人们总是通过交流或参与某种活动，在一个大家都非常投入、十分忘我的氛围中，以满足这种感情的需要。

其实，日常生活中每个人当众说话时，都会依自己倾注谈话的热心程度而表现出热情与兴趣。这时，我们的真情实感常会从内心里流露出来。这是一种自然地流露，也是一种易感染他人的流露。在说话和演讲中，如果我们能调动自身的激情，以情感人，那么，听者便在我们的掌控之下，我们就掌握了开启听众心灵之门的钥匙。缺乏激情，你所说的话就会苍白无力、枯燥乏味。要想打动人心、感染他人，你就需要在你的话语中倾注你的真情。

用"心"说话，才能赢得别人的心

说话要争取获得别人的好感，这一点非常重要，当然这并不是要一味地去阿谀奉承别人，而是根据对方的情况，有的放矢地去说，以达到说话交际的积极目的。

有的人说话过于随意，不管别人的感受如何，只顾自己说得痛快，这是不会说话的一种典型的表现形式。要想让自己成为一个受欢迎的人，必须学会用"心"去说话，而不是单纯地用嘴说话，这样才能博得对方的好感。以下是几条如何博得对方好感的说话技巧：

1. 多提一些善意的建议

当他人关心自己时，只要这份关心不会伤到自己，一般人往往不会拒绝。尤其是能满足自尊心的关怀，往往立即转化为对关怀者的好感。

满足他人自尊心最佳的方法就是善意的建议。对方是女性时，仅说

"你的发型很美"，只不过是句单纯的赞美词；若是说"稍微剪短点，看起来会更可爱"，对方定能感受到你对自己的关心。若是能不断地表示出此种关心，对方对你必然感觉更加亲切和信任。

2. 偶尔暴露自己一两个小缺点

暴露的缺点只要一两个就可以了，可使他人难以将这一两个缺点和其他部分联想在一起，因而产生其他部分毫无缺点的感觉。"这个人有点小缺点，但是其他方面挑不出毛病来，是个相当不错的人！"类似上述的想法就能深深植入他人的心中。

3. 要记住对方所说的话

某位心理学家应邀至某地演讲时，不料主办者之一却问他："请问先生的专长是什么？"他颇为不高兴地回答："你请我来演讲，还问我的专长是什么？"

招待他人或是主动邀约他人见面，事先多少都应该先收集对方的资料，此乃一种礼貌。换句话说，表现自己相当关心对方，必然能赢得对方的好感。

记住对方说过的话，事后再提出来做话题，也是表示关心的做法之一。尤其是兴趣、嗜好、梦想等事，对对方来说，是最重要、最有趣的事情，一旦提出来作为话题，对方一定会觉得很愉快。在面试时，不妨引用主考官说过的话，定能使主考官对你另眼相看。

4. 及时发觉对方微小变化

一般做丈夫的都不擅长对妻子表达自己的关心。比方说，妻子上美容院改变发型后，明明觉得"看起来年轻多了"，却不说出口。因而使妻子心里不满，觉得丈夫不关心自己。

不论是谁，都渴求拥有他人的关心，而对于关心自己的人，一般都具有好感。因而，若想获得对方的好感，首先必须先积极地表示出自己的关心。只要一发现对方的服装或使用物品有些微小的改变，不要吝惜你的言辞，立即告诉对方。例如：同事打了条新领带时，你说："新领带吧！在哪儿买的？"像这样表示自己的关心，决没有人会因此觉得不高兴。

另外，指出对方与往日不同的变化时，愈是细微、不轻易发现的变化，愈易使对方高兴。不仅使对方感受到你的细心也感受到你的关怀，转瞬间，你们之间的关系就会远比以前更亲密可信。

5. 呼叫对方名字

欧美人在说话时，常说："来杯咖啡好吗，史密斯先生"、"关于这一点，你的想法如何，史密斯先生"，频频将对方的名字挂在嘴边。令人不可思议的是，此种作风往往使对方涌起一股亲密感，宛如彼此早已相交多年。其中一个原因就是，他感受到对方已经认可自己了。

在我们的社会里，晚辈直接呼叫长辈的名字，是种不礼貌的行为。但是，借着频频呼叫对方的名字，来增进彼此的亲密感，并不是百无一利的方法啊！

6. 提供对方关心的"情报"

有个人有个奇怪的习惯，总是在他人名片的背面写上密密麻麻的记事。与其说他是为了整理人际资料或是不忘记对方，倒不如说是为了下一次见面做准备。也就是说，将对方感兴趣的事物记录下来，再度见面时，自己就可提供对方关心的情报作为礼物。

即使只是见过一次面的人，若能记住对方的兴趣，比方说是钓鱼，在第二次、第三次见面时，不断地提供这方面的知识或是趣事，借此显示自己对于对方的兴趣很关心，必然使对方产生很大的好感。

为他人真诚着想，便能换来真诚相待

人与人之间，无论是主雇关系还是朋友关系，无论是亲人还是顾客，都应该相互真诚。因为真诚高于人性其他方面的一切品质！但要如何才能获得别人的真诚呢？答案是，只有真诚才能换来真诚！

其实，这个世界并没有绝对的对或绝对的错，有的只是一个人所站的不同立场。只要你认为对，这个世界就是对的。因此，在生活中，我们要经常站在别人的立场上去为别人讲几句话，我们要经常主动地去理解别人，真诚地认同别人的话，即使对方的观点很另类，或者不符合事实，我们也没有必要凭着自己的主观意见，去指责或者对对方说教。

当我们真诚地关注别人时，我们才会获得别人的关注和支持。

"化妆品女皇"玫琳·凯年轻时曾经有过这样的经历：用真诚和赞美，为一位想轻生的女孩子带来了光明。

一天，她在海边看到了一位坐着的女孩子，脸上写满了忧郁与哀愁，眼角还挂着泪痕。玫琳·凯微笑着走上前去，问她："您好，我叫玫琳，能跟你说几句话吗？"

女孩子并不愿意搭理她，依然在那里感受着落寞。玫琳·凯继续温柔地说："虽然你心情非常糟糕，让你显得有些忧愁，但你依然很美。你有什么伤心痛苦的事情，可以跟我说说吗？"

她想了一会儿，就真的跟玫琳·凯倾诉了起来。当她说得动情时，还流下了眼泪。而玫琳·凯给她的一直是真诚的眼神、用心的倾听和适当地点头。玫琳·凯的聚精会神，让女孩子感觉到了一种关注和理解。最后，女孩子还说，自己今天来海边，就是想结束自己的生命的。因为自己爱上的那个人，在事业有成后就把自己抛弃了。

玫琳·凯听了后，不但为她感到唏嘘、忧伤，还气愤地大骂那个男人有眼无珠。最后，她真诚地鼓励女孩："你放心吧，天底下好男人多的是，你一定会找到一位责任心强且很有爱心的男士的。你看你长得多漂亮，连我这样的女人都喜欢，更何况是男人呢。所以，你一定要振作起来。"

最后，女孩用极其感激的语气对玫琳·凯说："从来没有人和我说过这么多话，我感觉自己到今天才算是真正的发现了自己。我现在才相信，活下去会是很美好的。"

是的，能够主宰自己生命的玫琳·凯知道，每个人都希望获得别人的真诚的关怀、理解和尊重。大多数时候，一句真诚的赞美，可能只花说出者一分钟时间，但对于听者，可能会影响其一天、一年甚至一生。

从物理学的角度上看，作用力与反作用力总是同时出现的；从人作为感情动物的特性而言，你真诚地关怀我，我也会真诚地为你着想。如果你对对方悉心关照，处处为其设想，他必然也会懂得做点什么来回报你，即"来而不往非礼也"。因此在人际交往中，要想获得别人真诚相待，你必须真诚待人！切记，只有真诚才能换来真诚！

说话前替人考虑，沟通中一团和气

站在对方的立场说话和考虑问题，在生活、工作中很重要，如果一味地只考虑自己的得失，反而会事与愿违。每个人都会有一些多年形成的为人处世的方式、说话办事的习惯，可这些方式、习惯不见得每个人都喜欢或者接受。很多时候，假如我们能及时调整好心态，站在对方的立场上，就会变被动为主动，迅速博得他人的谅解与认同。实践证明：对善于"投桃"的人，现实总会对他"报李"，从而化腐朽为神奇。

站在对方的立场说话，不要表现得比他人聪明，这也是成功人立身处世的黄金法则。

一个不会站在对方的立场思考问题的人，永远都不知道别人需要什么。因此，大多数情况下，他们所做的努力都不会给自己带来太大的益处，有时反而适得其反。许多生存条件优越的女性、人缘较好的人一般都善于站在别人的立场上去思考问题。

因此，他们利用这一点既可以制约别人，也可以帮助别人。这种思考方法让他们在人缘的维护问题上做到了恰到好处。

曾有一家珠宝店的业务员珍妮在接待顾客的时候，不小心将一粒价值连城的珠子滚落在地。当时，人多手杂，珠子滚到一位男青年脚边时就再也寻不见了。珍妮必须找回这颗珠子，否则她不但要被"炒鱿鱼"，而且还很难赔偿。

没有人可以体会珍妮当时的心情。凭那个青年的眼神，珍妮断定装作若无其事的他多半是一位失业者。这就意味着，那颗珠子足以改变他以后的人生，这无疑增添了珍妮寻回珍珠的难度。珍妮眼含着泪花，走到青年面前，轻声地说道："先生，在这样艰难的时期，找一份工作真是不容易吧？这才是我刚上班的第3天！"男青年愣住了。细心的珍妮看在眼里，于是她又将话重复了两遍。终于，男青年将背在后面的手抽出来紧紧地握住了她，等他转身快速奔出大门时，珍妮看到了自己手中的那粒珍珠。

其实，珍妮的意思十分明显，就是"请把那粒珍珠还给我"。但假如她那样说，等于向大家宣布青年的不良行为，很容易导致意料不到的极端事件，甚至会发生不堪设想的后果。此时，珍妮选择的是站在他人的立场博取同情，从而顺利地达到目的，在拯救他人的同时也拯救了自己。

一位哲人说过：婚姻没有你输我赢，只有双赢或双输。不光是婚姻，在人生的其他方面，这句话同样有效。很多双输者的教训都是当事人一味地打自己的算盘，寸土不让，结果导致两败俱伤。而要实现双赢，其实很简单，就是站在别人的立场思考问题。这是一种逆向思维，需要拿出过人的眼光、勇气及大度的心胸，还要做好舍己为人的准备。

站在对方的立场思考问题，你会发现，你变成了他人肚子里的蛔虫，他所思所想、所喜所忌，都进入到你的视线中。在各种交往中，你就可以从容应对，要么伸出理解的援手，要么防范对方的恶招。对于围棋高手而言：对方好点就是我方好点，一旦知道对方出什么招，大概就胜券在握了。

倾听时换位思考，和谐沟通不是难事

在人际交往中，善解人意的人总会受到大多数人的欢迎，因为善解人意的人能够设身处地地为别人考虑，体谅别人。在与人相处的过程中，这样的做事方法会让有困难的人感觉到友爱和温暖，所以人们喜欢和这种性格的人交往。

设身处地地站在别人的立场上听别人说话、为别人考虑还需要有一颗和善友爱的心。

有一户人家，父母因为工作的原因需要在城里租一套房子。这对父母带着孩子在城里找了一天，也没有找到一处满意的房子。

当他们十分疲倦的时候，看见一处小区的窗户上贴着出租的标志，于是这对父母带着孩子敲开了主人的房门。

开门的是一个老者，他打量了一下这三个人，然后问："你们要找谁？"

孩子的父亲说："我们看见您贴出来的出租标志，想看看您的房子。"

老者摇着头说："对不起，我不喜欢把房子租给有小孩的家庭。"

这对父母听见老者这样说十分失望。他们带着孩子离开了。刚走出这个小区的大门，孩子忽然说："爸爸妈妈你们等着我。"说完，他就朝小区里面跑去。

孩子来到老者的门前，又一次敲开了门。他对这个老者说："爷爷，您能把房子租给我吗？我没有孩子，只有父母。他们不会弄乱您的屋子的。"

老者看着这个孩子，忽然意识到他刚才的话伤害了孩子。这样的话，让孩子觉得他是一个被厌弃的人。老者看着这个懂事的孩子，决定将房子租给这个家庭。

老者听到孩子的话，及时和孩子做了一个位置的互换。假设自己是孩子，听到这样一番话后会怎么想呢？这样，老者站在孩子的立场上，自然就放下了自己的偏见。

人们在交流中，总是希望自己所讲的内容能够得到别人的理解。比如有两个好朋友，一个受了委屈找另一个倾诉，一方将自己的痛苦说出来，听的这一方总是点头说："我知道，我都明白。"这会让感到委屈的朋友不再难过，因为他的委屈朋友理解，这样的理解在一定意义上是替朋友分担了一部分的心理负担。如果听话的这个人没有站在朋友的立场上听，当朋友说出自己委屈的时候没有反应，这样做很可能会让两个人的友谊破裂。

有一个篮球教练带领着他的球队在职业运动场上获得了很多次冠军，记者采访他取得成功的秘诀是什么。这个教练总是说："我最不喜欢做的一件事情就是对我的队员大声地呵斥。比如因为疏忽弄丢了一个球或者在训练的时候精神状态不佳，我都不会对他们大声说出我的不满。"

在球员的眼里，他们的教练是一个非常和善的人，因为无论发生什么情况，第一个原谅他们、听他们解释原因的都是教练。

很多时候，有些错误是根本不该犯的，如某个球员走神。在这个犯错的球员做出解释的时候，教练总是很耐心地将他的解释听完，然后告诉这个球员："我明白你面对的是怎样的压力。"这样的沟通方式让球员心里充满深深的感激，在每一次关键比赛的时候，他们总会尽全力来完成比赛。

这个教练说："在队员和我争吵的时候，我也不会和他们争吵，我总是听他们把自己的牢骚发泄出来，因为我知道他们为什么要这样说，知道他们面对的是什么样的压力。"

这个教练之所以能够取得成功，就是因为他懂得站在球队队员的立场上听他们诉说，能够设身处地的跟球员做角色的转换。

要理解人，听懂人，与人和谐相处，其实并不是一件困难的事情。只要你有足够的耐心，知道在听人说话的时候设身处地地为别人考虑，有深刻的休会自然就能理解他人。这样一来，和谐相处就不是一件困难的事情了。

在人与人的交往中，懂得站在别人的立场上，理解别人，体谅别人，这样人与人之间的关系就会变得融洽。

擅于沟通并理解他人，说起来容易做起来难。毕竟，每个人都有独立的思维习惯，有自己的人生观和价值观，因而导致很多缺乏默契的沟通形成误会。若想解决这种问题，就需要人与人之间经常沟通，倾听时多注意换位思考，只有相互理解了，沟通才能更加顺畅。

表达真挚关心，送人一个"暖炉"

平常我们会说很多废话，这更容易使我们产生错觉：说话嘛，有什么重要的，小事一桩。事实上，这是因为你没有尝试多说一些关心他人的话，一旦这种关心被他人真切地感受到，情况会大不一样。

就是由于对别人的事情同样强烈地感兴趣，使得查尔斯·伊里特博士变成有史以来最成功的一位大学校长。他当哈佛大学的校长，从南北战争结束一直到第一次世界大战的前五年。下面是伊斯特博士做事方式的一个例子。有一天，一名大学一年级的学生克兰顿到校长室去借50美元的学生贷款，这笔贷款获准了。下面是这位学生后来在一篇文章中的叙述——"伊斯特校长说，请再坐会儿。然后他令我惊奇地说：听说你在自己的房间里亲手做饭吃。我并不认为这坏到哪里去，如果你所吃的食物是适当的，而且分量足够的话。我在念大学的时候，也这样做过。你做过牛肉狮子头没有？如果牛肉煮得够烂的话，就是一道很好的菜，因为一点也不会浪费。当年我就是这么煮的。接着，他告诉我如何选择牛肉，如何用文火去煮，然后如何切碎，用锅子压成一团，冷后再吃。"

还有一件同样的事，一个似乎一点都不重要的人，却帮了新泽西强森公司的业务代表爱德华·西凯的忙，使得他重新获得了一位代理商。"许多年前"，他回忆说，"在马萨诸塞地区，我为强森公司拜访了一位客户。这个经销商在音姆的杂货店。每次到店里去，我总是先和卖冷饮的店员谈几分钟的话，然后再跟店主谈订单的事。有一天，我正要跟一位店主谈，但他要我别烦他，他不想再买强森的产品了。因为他觉得强森公司都把活动集中在食品和折扣商品上，而对他们这种小杂货店造成了伤害。我夹着尾巴跑了，然后到城里逛了几小时。后来，我决定再回去，至少要跟他解释一下我们的立场。"

"在我回去时，我跟平常一样跟卖冷饮的店员都打了招呼。当我走向店主时，他向我笑了笑并欢迎我回去。之后，他又给了我比平常多两倍的订单，我很惊讶地望着他，问他我刚走的几小时中发生了什么事。他指着在冷饮机旁边的那个年轻人说，我走了之后，这个年轻人说：很少有推销员像你这样，到店里来还会费事地跟他和其他人打招呼。他跟店主说，假如有人值得与他做生意的话，那就是我了。他觉得也对，于是就继续做我的主顾。我永远都不会忘记，真心地对别人产生点兴趣，会是推销员最重要的品格——对任何人都是一样，至少以这件事来说是如此。"

一个人要是对别人真诚地感兴趣的话，哪怕你一句极平常的话也可以从即使是极忙碌的人那儿，得到注意、时间和合作。

把人情话说好，人缘肯定差不了

人情话是虚话这不假，但如果你以十二分的真诚去说，以贴心贴肝的关心态度去说，人情话也能透出浓浓的人情味，让人感动不已。

只要你真正关心他人，就会赢得他人的注意、帮助和合作，即使最忙碌的重要人物也不例外，也只有在这种条件下，你说话的分量才会越来越大。要做到这一点也许并不难，你只需真诚地说几句关心人的人情话就行了。

你知道谁最得人缘吗？也许你在外面行走的时候就会碰见它。当你走到距离它 10 公尺附近时，它就会向你摇头摆尾，当你停下来摸摸它的头，它就会高兴地向你表示亲热。而且它的这些表现绝对没有不良企图：既不会向你兜售房地产，也不想同你结婚。大家都应该知道这是谁了吧？——一只可爱的狗。

不知你是否想过，狗是不用工作而能谋生的动物。牛得产奶，母鸡得下蛋，但狗却什么也不用做，只是对你表示亲热。它从没读过心理学，凭着其天赋和本能，在很短的时间内，凭借着对人表示诚心诚意的亲热而赢得了许多朋友。可是，如果是一个人，却很难在一两年内，为吸引别人的注意而交到知心朋友。

我们都知道，有些人终其一生地向别人俯首弄姿，目的是为了引起别人的注意，其结果是徒费力气。因为人们根本不会注意到你，人们注意的只是自己。有人曾做过这样一个有趣的调查，在电话通话中，哪一个字是最常用的。调查结果是"我"字。所以，在人际交往中，你的人情话绝不能放过任何一个"我"。

在塔夫特总统任职期间，罗斯福有一天到白宫访问。恰巧那天总统和夫人外出不在。罗斯福对待下人的真诚便真实地流露出来。他热情地叫着每一个老仆人的名字，和他们打招呼，连厨房里洗碗盘的女仆都不例外。当他见到在厨房里干活的艾丽斯时，他问她是不是还在烘烤玉米面包。艾丽斯说她有时会做一些给仆人吃，但楼上的人并不吃。罗斯福就大声说楼上的人真不懂品味，在他见到总统的时候一定这么告诉他。艾丽斯用盘子盛了一些玉米面包给他，他拿了一片边走边吃，并且一路和工人、园丁打招呼。曾经在白宫做过40多年的老仆人爱科·胡佛含着热泪说这是他两年来唯一感到快乐的日子。

罗斯福有个侍仆叫詹姆士·阿摩斯，他写了一本名叫《仆人眼中的英雄——西奥多·罗斯福》的书，书中讲了这样一件事：他太太因为从没见过鹑鸟，于是有次向总统先生问起鹑鸟长得什么样子，当时总统先生非常详尽地描述了一番。没过多久，他们农舍里的电话响了，他太太跑去接，原来是总统先生亲自打过来的，他在电话中告诉他太太，如果现在从窗口向外看的话，也许可以看到有只鹑鸟正在树上唱歌。他每次到农舍来，都要和他们聊天，即使看不见他们，也可以听到他喊："安妮！詹姆士！"

哪一个雇工不喜欢这样的老板？哪一个人不喜欢这种人？

我们常常忘了人与人之间最宝贵的资源，就是朋友关系——生活的框架告诉我们要保护自己，多做可能多错，热心多会受伤。于是我们宁可自扫门前雪，被动一些，甚至对人漠不关心，或者只是说一些无关痛痒的人情话。一个人可以聪明绝顶、能力过人，但若不懂得藉由真诚和积极热心来培养和谐的交际关系，他的成功就得付出事倍功半的努力。就拿说话来说，你的言辞无论多么悦耳动听，但如在别人那里感觉不到你的真诚，一切都会徒劳。

职场人情话，让同事关系更融洽

谁都希望有一个和谐的工作氛围，一天八小时，一周五个工作日，一个人很大部分时间、精力是在工作环境里度过的，如果同事之间矛盾不断，整天别别扭扭，每天一踏上上班的路就想起与谁谁的不愉快，那么工作就成了一种负担和刑罚。要想避免这种状况的发生，工作过程中掌握说人情话的技巧，善于以人情话润滑同事之间的关系是个简便易行又有效的选择。

一般人在初次上班与同事拉关系时，试图通过一些日常的人情话引起对方兴趣，但总是选择一些无关紧要的话题。例如最典型的话："今天天气不错啊！""是啊，气温也不高，挺舒服的。"

这种公式化的对话根本算不上人情话，不能给新接触的同事留下深刻的印象，同样的，对方会觉得你没有什么特别之处。这样的交谈无异于浪费时间、浪费精力。

也许有人会认为，第一次与同事见面时讲话太冒昧是不懂得社交礼节，所以有所顾忌。其实大可不必考虑这么多。例如你可以很自然地这么说："最近我和父亲相处不太好，可在昨天我们居然高高兴兴地谈了一个下午；误会完全解开了……"

或者说："这几天太热了，我干脆剃成光头，朋友们都认不出我了……"以自己的近况为题材是一种很好的开场白。

选择说话的内容，要考虑工作场合及时间。只有针对性地说话，才能加深彼此的印象。

初次见面若想给同事留下深刻的印象，首先必须先消除彼此间的距离。某单位有一次邀请某位先生上台演讲，他用自嘲的语言一开始就消除了与听众间的心理距离。他说："今天我第一次与各位见面，特意穿了一双漂亮的新皮鞋，因为挤公共汽车赶路的缘故，新皮鞋张了嘴，脚也起了泡……"

只有尽快地消除初次见面的陌生感，才能给新同事留下永不磨灭的印象。由于我们一半时间都在工作场合度过，因此说话在有时候会流于形式。如何引起新同事注意，就在于如何选择话题。聪明的你，何不运用创意制造奇迹呢？

在公司里，同事之间免不了互相帮帮忙，你对这种事情应当采取什么态度呢？平常我们总说"助人为乐"，但是，在办公室战场上，怎样助人才能真正成为乐趣，才能被对方所接受呢？

只要是人，都会有善、恶之分，但是在办公室里交朋友却不可以如此认为，最好是一视同仁地与他们打交道。

同事之间要能同甘共苦。"今天如果不加班的话，工作是怎样也赶不完的！"假如有一位同事一边看表，一边叹气地说这些话时，你也许会说："唉！真是够辛苦的啦！要不要我来帮你忙啊！"若能对他这么说的话，那位同事的内心该会多么感激啊！今天我帮你忙，明天也许变成你帮我忙了，这种情形在工作上也是经常发生的。

此外，不要在同事背后飞短流长。喜欢说别人是非的人，也许正表示了他本人多少还有点不成熟，这样子的谈话虽然可以发泄心中的苦闷，而且大家也都知道说别人坏话是很不好的行为，可是还是免不了要说一说别人的是非。然而经常说别人是非给对方听的人，有一天连对方都会成了他批评的对象，因此慢慢地大家都会对他敬而远之。

同事们在一起相处的时间久了，就会不可避免地产生矛盾，进而引发争执。争执并不可怕，可怕的是不知道如何处理争执。处理得好，能使一切矛盾消解，甚至能让双方因此得到进一步的沟通。而若处理不好，便会引发更多的问题来。既然处理争执的问题如此重要，该如何着手呢？

1. 同事哭泣的时候

表示你的关切及协助的意愿，但不要阻止他哭泣，因为哭泣可能是缓解情绪的好方法。给他一些时间来恢复平静，不要急着化解或施予压力。

最后再问他哭泣的原因，如果他拒绝回答，也不必强求；若他说出不满或委屈，只要倾听、表示同情即可，千万不要贸然下断语或凭自己喜恶提供解决的方法。

2. 同事愤怒的时候

当同事愤怒的时候，你千万不能以同样的情绪对待，那会使争执进一步激化。对自己的意见除了要坚持外，还可以向对方表示你希望双方能冷静地分析问题并解决问题。

待对方冷静下来之后，你就可以询问他生气的原因所在，询问时一定要照顾到对方的情绪，不要说些与此无关的废话。总之，一切都要建立在谅解和宽容的基础上。

3. 同事冷漠的时候

不要有任何臆测，你可以不经意似的问他"怎么了？"如果他不理会，不妨以友善态度表示你想协助他。

如果他因感情或疾病等私人问题影响到工作效果，建议他找人谈谈或休假。

4. 同事不合作的时候

切勿一味地指责对方或表示不满，最好找个时间两人好好谈谈。因为这个时候更需要的是体贴的人情话，若对方因工作繁多、无法配合，则可再安排时间或找他人帮忙；但若是纯粹地不合作，则更需多花时间沟通，寻求问题的症结及解决办法。谨记：要充分利用人情话这一润滑剂，说不定还能因充分的沟通而化敌为友呢！

CHAPTER 10

千万小心
最失败的沟通是触人禁忌，一词一语都不能随心所欲

人长了嘴巴就是要说话的，但不能什么话都说。口不择言，就像机关枪扫人，一阵狂扫，只顾自己快活，不顾别人死活。如果我们说话不加检点，不顾别人心理感受，轻则伤人败兴，重则引起争执，惹怨招尤。中国有句老话："病从口入，祸从口出"，绝对是条颠扑不破的至理名言。

说话不经大脑，人缘绝对没好

阿花好不容易才找到了一份在咖啡馆做服务员的工作，却只上了一天班就被老板炒了鱿鱼。想想她的条件并不是很差，也没有做错什么事，只是不小心问了一句不该问的话。

那天，阿花刚一上班店里就立刻进来了三位客人，她随即拿着菜单，去让这三位客人点餐，第一位客人点的是冰红茶，第二位客人点的是冰咖啡，第三位客人也是点的冰咖啡，但是，他特别强调要用干净一点的杯子。

很快，阿花将这三位客人所点的饮料，用盘子端了出来，一边朝他们坐着的方向走来，一边还大声地向这三位客人问道："你们谁点的冰咖啡是要用干净一点的杯子……"

就凭阿花的这一句话，老板当然会毫不客气地炒她的鱿鱼，因为谁也不会去搬起石头砸自己的脚。

在工作中，要讲究说话的方式，同样，在与人交往的过程中，也要把握好说话的分寸，恰到好处地说好该说的话。

有一年全国高考结束不久，一名记者去采访一位外语成绩优秀的考生。原先设想好的问题中有："你父母是否具有辅导你学习英语的能力？"但是到了现场，看到考生的父母也陪伴在场，如果按照原先准备的提问方式来交谈，就显得唐突而不礼貌。于是他将原来的提问改为"你们一家是不是常常在一起讨论学习英语方面的问题？"这样一来，既能有效地获得所要的信息，又显得相当自然。

说话不仅要根据条件的不同而采取不同的表达方式，也要根据前后话语相互联系而恰当地选择语言。

几位年轻的领导干部去慰问一位退休老工人，见面以后问道："您老身子真够硬朗，今年高寿？"老工人回答说："七十九啦。""人生七十古来稀，厂里数您最长寿吧？""哪里，××活到了八十四呢！""那您老也称得上长寿将军啊。""不过，××去年归天了。""咦，这回可轮到您了。"谈兴正浓的老工人听到这句话，脸色陡变。毛病就出在"这回可轮到您了"这句话上。前面老人刚说完"归天"的事，他们却接下去说"轮到您"，这不就使老人产生误会吗？如果这几位年轻干部能控制好前后话语，把话说成"这回长寿冠军可轮到您了"，也就不会出现不快了。

讲究说话的艺术对于迅速有效地传递信息，塑造良好的自我形象有着不可忽视的重要作用。如果只贪图自己一时的痛快而无所顾忌地说了不该说的话，则只会给自己制造出一些不必要的麻烦。

总说负面话，必给人留下负面印象

俗话说"良言一句三冬暖，恶语伤人六月寒"，"恶语"当然是指那些带有侮辱贬损、攻击谩骂性质的语言。其实，伤人的话不只是恶语。即使你没有口出恶语，但如果经常说负面话，同样也会伤害别人。所以，我们不妨树立一种全新的意识——正面说话三冬暖，负面说话六月寒。

打个比方，一个人在打保龄球，一下子打掉了7个瓶子，还有3个没有打倒。这时，作为此人的指导，你该怎样说话呢？如果你着眼于"还有3个瓶子没打倒"，就会以不满意的口气和措辞说话，这就是反面话，它只会使人泄气、使人产生抵触情绪。如果你换种角度，以肯定和鼓励语气去说："好！打得不错，已经打掉了7个瓶子，继续努力会打掉更多的瓶子！"效果则大不一样，对方会因此受到鼓舞，振作精神，把该做的事情做得更好。

这是因为，人际交流不仅是彼此交换信息，更是感情上的相互刺激影响。我们每个人都乐于接受良好的刺激，而排斥不良刺激。说负面话或轻或重、或多或少都会给人以不良的刺激，这就必然会激起对方或大或小的自我防卫心理，产生抵触情绪，或明或暗地和你唱对台戏。所以说，唯有多说正面话，才能进行正常而有效的人际交流。

我们再以谈生意为例来加以对照比较。假如，甲、乙双方在交货的时间存在矛盾，怎么谈呢？

负面说话：如果贵方不在时间上按我方要求办，那就甭想达成协议！

即使乙方很愿意达成协议，若甲方如此说话，也会使其抵触、反感，从而一口回绝对方的要求，结果不欢而散。

如果甲方能从正面说话，给彼此留下商量的余地，成功的希望就会很大。

正面说话："如果贵方能在时间上尽力提前，赶出20天，我们达成协议就没有多大问题了，请您多加关照好吗？"

这样说话会促使对方通过逻辑推理，权衡利弊得失，进一步考虑你的要求，也就很可能改变局面，达成协议了。

显然，你从负面说话，对方即使想让步，由于情绪上的抵触反感，也会嘴硬气冲起来，一口拒绝。而正面和婉转地说话，则能够争取感情上的沟通，让对方理智地思考，就容易把事情谈成。

　　某大学管理系邀请一位学者举办现代管理科学的系列讲座，因为内容新颖，表达生动，外系学生来了很多。这样一来，座位有限，管理系的学生晚来一步就没有座位了。为此，负责举办这次讲座的老师向大家发出一个通告：

　　"同学们，我们这次举办的讲座来听的人很多，为了保证我们管理系的同学都有座位，请其他系来的同学一律坐在第10排以后的座位上。谢谢大家的合作！"

　　这番话的意图无可非议，但这样说会使其他系的同学有一种"外人"的感觉，似乎不受欢迎。为什么不能换个角度，把话说得顺耳中听一些呢？比如这样说，效果就比较好：

　　"同学们，这次讲座来听的人很多，不论是哪个系的同学，我们都很欢迎！但由于座位有限，为了让别的系的同学也都尽可能坐下，请管理系的同学一律坐在前10排以内！谢谢大家合作！"

　　爱讲负面话的人，有时是过于理想化，用自己理想化的模式，去套生活中的现实，结果常常是事与愿违。还有的人是看问题过于狭隘偏颇，只考虑自己，不顾及其他，凡是不对自己脾气的，都一概予以否定。另一种便是用放大镜甚至是显微镜看人，将别人微不足道的缺点放大。正如鲁迅先生曾经比喻的，一位老夫子用一枚放大镜去看美人那嫩白的胳膊，结果却看到了皮肤间的皱纹和皱纹间的污泥。试想，如果再用显微镜去观察，岂不就是骇人的细菌布满全身了吗！

　　老爱讲负面话的人，很难与人友好交往，即使他并没有直接说对方不好，但他那万事皆不如意的心态，让人很难同他找到舒心满意的共同语言。久而久之，人们还会觉得此人太爱刁难，难以相处，常常避而远之，偶有接触，也只好打个哈哈敷衍了事。总讲负面话，最终会成为难以与人相融的孤家寡人。

随意指责别人，到处都是敌人

在待人处世中，人们最容易犯的一个错误就是随意指责别人，这也许是由于年轻气盛，也许是由于对自己的绝对自信。但不管怎样还是要提醒你，指责是对别人自尊心的一种伤害，是很难让人原谅的错误，如果你不想让身边有太多的敌人，那就请口下留情，别总去指责别人。

人的本性就是这样，无论他做的有多么不对，他都宁愿自责而不希望别人去指责他们。别人是这样，我们也是这样。在你想要指责别人的时候，你得记住，指责就像放出的信鸽一样，它总要飞回来的。因此，指责不仅会使你得罪了对方，而且也使得他可能要在一定的时候来指责你。即使是对下属的失职，指责也是徒劳无益的。如果你只是想要发泄自己的不满，那么你得想想，这种不满不仅不会为对方所接受，而且就此树了一个敌；如果你是为了纠正对方的错误，那为什么不去诚恳地帮助他分析原因呢？

手段应当为目的服务，只有怀有不良的动机，才会采用不良的手段。许多成功者的秘密就只在于他们从不指责别人，从不说别人的坏话。面对可以指责的事情，你完全可以这样说："发生这种情况真遗憾，不过我相信你肯定不是故意这么做的，为了防止今后再有此类事情发生，我们最好分析一下原因……"这种真心诚意的帮助，远比指责明显而有效。

另外，对于他人明显的谬误，你最好不要直接纠正，否则会好像故意要显得你高明，因而又伤了别人的自尊心。在生活中一定得牢记，如果是非原则之争，要多给对方以取胜的机会，这样不仅可以避免树敌，而且也能使对方的心理得到了满足，于己也没有什么损失。口头上的牺牲有什么要紧，何必为此结怨伤人？对于原则性的错误，你也得尽量含蓄地进行示意。既然你原意是为了让对方接受你的意见，何必以伤人的举动来彰显自己。

假如由于你的过失而伤害了别人，你得及时向人道歉，这样的举动可以化敌为友，彻底消除对方的敌意，说不定你们今后会相处得更好。既然得罪了别人，当时你自己一定得到了某种"发泄"，与其待别人"回泄"来，不知何时飞出一支暗箭，还不如主动上前致意，以便尽释前嫌，演绎流传千古的"将相和"。

为了避免树敌，还有一点需要特别注意，这就是与人争吵时不要非争上风不可。请相信这一点，争吵中没有胜利者。即使你口头胜利，但与此同时，你又多了一个对你心怀怨恨的敌人。争吵总有一定原因，总为一定的目的。如果你真想使问题得到解决，就绝不要采用争吵的方式。争吵除会使人结怨树敌，在公众面前破坏自己温文尔雅的形象外，没有丝毫的作用。如果只是日常生活中观点不同而引致的争论，就更应避免争个高低。如果你一面公开提出自己的主张，一面又对所有不同的意见进行抨击，那可是太不明智了，这样会致使自己孤立和就此止步不前。如果你经常如此，那么你的意见再也不会引起别人的注意，你不在场时别人会比你在场时更高兴。你知道的这么多，谁也不能反驳你，人们也就不再反驳你，从此再没有人跟你辩论，而你所懂得的东西也就不过如此，再难从与人交往中得到丝毫的补充。因为辩论而伤害别人的自尊心、结怨于人，既不利己，还有碍于人而使自己树敌，这实在不是聪明的做法。

"多个朋友多条路，多个仇人多堵墙"，生活中你要注意尽量避免树敌，更不要做因指责别人而得罪人的蠢事，那很得不偿失。

短处，是别人心中不可触摸的痛点

在《韩非子·说难》篇中，有这样一段对龙的描述：龙生性柔顺，喜与人亲近，甚至可以将其当作坐骑。然，龙颚下长有一尺余长的逆鳞，一旦有人触及，必勃然大怒，以致伤人性命。

其实，何止龙有逆鳞，几乎自然界的每一种动物都有自己的忌讳。例如，猫不喜欢人逆捋其尾，牛不喜红色等。又如鲁迅先生笔下的阿 Q、祥林嫂、孔乙己，三人虽然性格迥异，但却拥有一个共同之处——最怕别人揭其短。阿 Q 最忌讳别人提及自己头上的伤疤，若有人犯此忌，他必然怒火中烧，去与人一争高下，小 D 就曾因此吃过亏；祥林嫂最怕别人说自己"不贞"，这对她而言是一生难以抹去的耻辱；孔乙己则最不喜欢别人拿自己过去的糗事调笑，一旦有人提及，他就会涨红了脸，无理也得辩三分。

短处，人人都有，有的可能自己心里也很清楚，可是由别人嘴里说出来就让人不舒服。俗话说"打人不打脸，骂人不揭短"，没有一个人愿意让别人攻击自己的短处。若不分青红皂白，一味说对方的短处，很容易引发唇枪舌剑，最终导致两败俱伤。

究其根由，人们之所以怕被人揭短，主要是自尊心使然，感觉面子上过不去。因此，你若想建立一个良好的人际关系网，就一定不要去碰触别人的短处。

张三其人尖酸刻薄，常以揭人短为乐。一次朋友聚会，邻居李四因家有严妻不敢多喝，张三便乘着酒意大声叫嚷："你们知道李四为什么喝酒像喝毒药似的吗？因为他怕老婆！有一次李四喝酒喝醉了，不但被老婆扇了两耳光，最后还被赶到客厅去睡呢。"李四被张三当众揭了短，不禁羞怒焦急，但碍于众人又不好发作，便推脱有事，离座而去。

几日后，张三一家去城里购物，出门时风清气爽，刚到城里不久便阴云密布。张三妻子担心院中晾晒的生虫大米，但催促张三赶快回去。张三因由东西还没买，又想到李四在家，便不以为然地说道："没事的，李四今天在家，他会帮我们收回去的。"

然而，当张三一家披着斜阳回到家中之时，却发现院中晾晒的大米已经被雨水泡得胀了起来。

所谓"远亲不如近邻"，李四的小心眼固然不值得称赞，但说到底还是张三揭人短在先，为了逞一时的口舌之快，得罪邻人，令其怀恨在心，这又是何苦来哉？事实上，生活中张三类型的人不在少数，他们似乎已经把"揭人短"当成了人生一大乐事，似乎只有道出别人的"短"，才能彰显自己的"长"，殊不知这样做的结果只会令人生厌，令朋友对其唯恐避之不及。

老话说"当着矬子不说矮话"，就是告诫人们在交往中不要伤及他人自尊。人生在世，各有所长，各有所短。若以己之长，较人之短，则会目中无人；若以己之短，较人之长，则会失去自信。这是应酬中尤其要注意的一点。

春秋时期，齐国宰相晏子是个矮子，有一次到楚国去出访。楚国的国君故意要以晏子的矮来耍笑一番，于是吩咐只开大门旁的小门。晏子一看，便知楚王的用意，于是晏子说道："只有出使狗国的人，才从狗洞中进去。今天我出使的是楚国，应该不是从此门中入城吧。"

楚国国君本想羞辱晏子，不曾想却反过来被晏子羞辱了一顿。我们在人际交往中应以此为鉴，尽可能避谈对方的短处。有一句话叫作"矮男如何不丈夫"，矮个子男人常被称为"三等残废"，几乎很少有姑娘愿意嫁给一个矮于自己的人，这是一种社会心态。但大多情况下，矮者往往另有所长，如果紧紧抓住一个不如人处当小辫子，那么人人都会被抓个头仰体翻。所以我们说，当着矬子说矮话，只会自取其辱。如果我们老是把眼光盯在别人的弱点上，在人际交往中总是将别人的弱点当成攻击对象，那么只会出现两种情况：一、别人不愿意再与你交往，如此一来，你的朋友就会越来越少，别人都躲着你，避开你，不与你计较，直到剩下你孤家寡人一个；二、别人也对你进行反攻，揭露你的短处。这样势必造成互相揭短，互相嘲笑的局面，进而发展到互相仇视，如此一来，你的人际关系网势必会破裂，别人对你的评价绝好不到哪去。

古今中外，但凡有修养之人，从不以揭人短为乐。据《封氏闻见记》中记载：曾在唐朝做过检校刑部郎中的程皓，向来不谈论他人之短。即便友人谈及之时，他也从不参与其中，而且还为受嘲者辩解："这都是以讹传讹，事实并非如此，不足为信。"继而，再列举该人的一些优点。试想，做人若能如程皓这般，又怎会不赢得他人好感、又怎会不知交满天下呢？

如果我们还希望广交朋友、得众人相助吗？那就给自己留点口德，不要将他人的短处挂在嘴上。纵使非说不可，也可以变通一下，这是应酬中理应具备的素质，更是获得良好友谊的必要技巧。

人家的隐私，绝不会容忍你四处散播

每个人都有不为人知的隐私。心理学家指出，没有人愿意将自己的错误和隐私在众人面前"曝光"。所以，有心眼的人即便与对方的关系再好，也绝不会将别人的隐私公之于众，更不会将其当作笑料来调侃。因为这样一来，无疑是让人家当众出丑，"受害者"必然会感到尴尬和愤怒。

李文强和夏董文二人不但是发小，还是大学校友，生意场上的伙伴。两人非常要好，已然到了无话不谈的地步，相互开玩笑时也无所顾忌。夏董文原在某厂任财务科长，因经济问题被判刑三年，老婆跟他离了婚。出狱后痛改前非，终于事业有成，和李文强一起，分别成为某集团公司属下两个分公司的经理。有一次，在总公司的例会上，轮到夏董文发言，夏董文谦逊道："我想说的大家都说过了，就不用再重复了。"李文强对夏董文的婆婆妈妈感到不满，开玩笑说："你谦虚什么呢，还怕别人得了你的真传吗？好，你不愿说，我来替你说，你的成功之处在于掌握了 .三证.，一是大学毕业证，二是离婚证，三是劳改释放证。"在大家的哄笑声中，夏董文的脸一下变成了猪肝色。从此，夏董文与李文强划地断交，形同陌路。

中国有句老话叫"祸从口出"，因此，出言一定要谨慎，对什么话能说，什么话不能说，一定要做到心里有数。

一个毫无城府、随意调侃他人隐私的人，不仅会因为他的浅薄俗气、缺乏涵养而不受欢迎，还极有可能因此惹祸上身。

227

在日常生活中，为人应该谨慎一些，说话应该小心一些，对于他人的隐私，应该做到不闻不问，更不要执着于打探别人的隐私。

　　热衷于打探他人隐私的人，总是令人讨厌的，这一点在西方显得尤为突出。个人隐私所包括的面很广，诸如个人收入情况、女士年龄、夫妻情感、他人家庭生活等，都属于个人隐私的范畴。

　　在西方人的交往中，"探问女士的年龄"被看成是最不礼貌的习惯之一，所以西方人在日常应酬中，可以对女士毫无顾忌地大加赞赏，却从不去过问对方的年龄。但是中国人就不同了，有的人常常一见面便问人家"芳龄几何"，弄得女士们答也不好，不答也不好，只好在以后的应酬中尽量避免与之接触。

　　所以说，在社交中能够避免探问对方隐私的嫌疑，这本身便是应酬成功的第一步。因此在你打算向对方提出某个问题的时候，最好是先在脑中过一遍，看这个问题是否会涉及对方的个人隐私，如果涉及了，要尽可能地避免，这样对方不仅会乐于接受你，还会为你在应酬中得体的问话与轻松的交谈而对你留下好印象，为继续交往打下了良好的基础。

　　人际交往中，我们最好不要随意触及他人的隐私。在特殊情况下，如果迫于形势，不得不提及他人的隐私，这时，你应该采用委婉的语言暗示对方你已经知道他的错处或隐私，让他感到有压力而不得不改正。一般来说，知趣的、会权衡的人是会顾全双方的脸面而悄悄收场的。

玩笑若不得体，就会引发怒气

人际交往中，开个得体的玩笑，可以松弛神经，活跃气氛，创造出一个适于交际的轻松愉快的氛围，因而诙谐的人常能受到人们的欢迎与喜爱。但是，玩笑开得不好，则适得其反，伤害感情，因此开玩笑要掌握好分寸。

1.内容要高雅

笑料的内容取决于玩笑者的思想情趣与文化修养。内容健康、格调高雅的笑料，不仅给对方启迪和精神的享受，也是对自己美好形象的有力塑造。钢琴家波奇一次演奏时，发现全场有一半座位空着，他对听众说："朋友们，我发现这个城市的人们都很有钱，我看到你们每个人都买了两三个座位的票。"于是这半屋子听众放声大笑。波奇无伤大雅的玩笑话使他反败为胜。

2.时机要把握好

玩笑完全在于时机的选择。玩笑对象不是太忙的时候，可能认为这个玩笑有趣；当他或她正在赶工时，玩笑可能就变得没那么有趣了。如果你开玩笑的次数多过上厕所，那么你就有问题了：你是个制造麻烦者。

3.态度要友善

与人为善，是开玩笑的一个原则。开玩笑的过程，是感情互相交流传递的过程，如果借着开玩笑对别人冷嘲热讽，发泄内心厌恶、不满的感情，那么除非是傻瓜才识不破。也许有些人不如你口齿伶俐，表面上你占到上风，但别人会认为你不尊重他人，从而不愿与你交往。

4. 行为要适度

开玩笑除了可借助语言外，有时也可以通过行为动作来逗别人发笑。有对小夫妻，感情很好，整天都有开不完的玩笑。一天，丈夫摆弄鸟枪，对准妻子说："不许动，一动我就打死你！"说着扣动了扳机。结果，妻子被意外地打成重伤。可见，玩笑千万不能过度。

5. 对象要分清

同样一个玩笑，能对甲开，不一定能对乙开。人的身份、性格、心情不同，对玩笑的承受能力也不同。

对方性格外向，能宽容忍耐，玩笑稍微过大也能得到谅解。对方性格内向，喜欢琢磨言外之意，对其开玩笑就应慎重。对方尽管平时生性开朗，假如恰好碰上不愉快或伤心的事，就不能随便与之开玩笑。相反，对方性格内向，但正好喜事临门，此时与他开个玩笑，效果会出乎意料的好。

6. 不要以别人的缺点开玩笑

你以为你很熟悉对方，随意取笑对方的缺点，但这些玩笑话却容易被对方觉得你是在冷嘲热讽，倘若对方又是个比较敏感的人，你会因一句无心的话而触怒他，以致毁了两个人之间的友谊，或使同事关系变得紧张。

7. 和异性开玩笑别过分

有时候，开个玩笑可以调节人际关系，异性之间玩笑亦能让人缩短距离。但切记异性之间开玩笑不可过分，尤其是不能在异性面前说黄色笑话，这会降低自己的人格。

远离流言蜚语，没人喜欢嚼舌之人

"流言蜚语"绝对是一个令人厌恶、令人惧怕的词语。它的字面解释如下：流言，即没有依据的言语；蜚语义同于流言，更带有诽谤性、针砭性。那么，既然毫无依据可言，为何却偏偏有人对此津津乐道呢？从心理学的角度上说，一方面是因为多数人都具有窥私欲，他们喜欢探听别人的隐私，尤其是带有负面性质的隐私；另一方面，爆料别人的"卑劣"，可以凸显自己在某一方面的"高尚"，这是典型的虚荣心在作祟。当然，这其中更不乏居心叵测之人。

"流言"的帮凶有两种人。一是"制造流言者"。这类人内心阴晦、失衡，明明自己能力有限、不学无术，却又嫉妒别人的成就。于是挖空心思诋毁别人，以求心理上的满足。

二是"散布流言者"。这种人相对前者略隐晦一些，称得上是"隐形杀手"。他们最喜欢做的事情，就是将听来的"流言"添油加醋，再四处传扬。即便原本不存在的事情，经他们的嘴巴一说，也就变成了事实。所过之处，可谓一片狼藉。

一个妇女在背后说邻居的闲言碎语，几天内，村中所有人都知道了此事，当事人为此大受伤害。后来，妇女发现事实完全不是这样，她非常难过，就去聪明的智叟那里请教如何弥补。

"去集市吧。"智叟说，"买1只鸡，把它杀掉。然后在回家的路上，拔下它的羽毛，一片片地沿路扔掉。"这位妇女尽管感到很奇怪，但还是依言而行。

第二天，智叟说："现在，你去把昨天扔掉的那些羽毛全部收集起来，把它们交给我。"妇女依言回到那条路上，但大风已然将羽毛吹飞，她苦苦寻找了几个小时，最后攥着 3 根羽毛回到智叟那里。

"你明白了吧。"智叟说，"扔掉它们是件很容易的事，但不可能把它们全部找回来。流言蜚语就像这羽毛一样。散布出去并不费力，可是一旦你做了这种事，就永远也无法彻底弥补。"

可以肯定，无论是流言的制造者还是散布者，都不会有什么好的结局。在别人背后蜚短流长，必然会得罪当事人，久而久之，你也就成了"万人嫌"。同事、朋友，会因害怕成为你的议论对象而对你敬而远之，上司更会因此将你打入"冷宫"，你的人生、事业又何谈取得突破性的进展呢？

凌金生是公司业务部的精英，曾多次获得公司年终奖金。年底又到了，凌金生根据考核办法，算出自己又可以拿到 2 万元奖金，便提前与女朋友算计这 2 万元该怎么花。最后决定，储存 1 万元，另 1 万元做春节旅游之用。

获奖名单公布以后，凌金生发现竟没有自己的名字——是不是相关人员疏忽把自己漏掉了？凌金生带着疑问找到业务部经理。经理说："我们这次考核，是绩效考核加表现考核，不只是看绩效，还要看平时的表现，如个人形象、是否具备团队合作精神，等等。你想想看，自己在别的地方有没有做得不够的地方。"

凌金生不由得低下头去。

经理提醒说："年中时，你跟小王争地盘，哪有一点团队合作精神？而且给公司造成了很不好的影响。这是你今年没有拿到年终奖金的主要原因。"

凌金生跟小王所争的"地盘"，是一家大客户。原来是小王开拓的市场，后来那家大客户的部门经理易人，凌金生的同学走马上任。凌金生就去拜访同学，想把业务划到自己名下。小王告到部门经理那儿，部门经理出面批评了凌金生，凌金生才撤出去。

凌金生一肚子气离开经理的办公室。他以为，自己落选主要是经理在作祟。绩效考核，主要看业绩，这是硬指标，别的都是软指标，说你达标就达标，说你不达标就不达标。他若没有团队合作精神，就不会听经理的意见，早把"地盘"抢到手了。还有，那奖金是公司里出，也不是经理自己掏腰包，经理是嫉妒才把他拿下来的。

凌金生越想越气，不自觉地找到几个平时关系不错的同事倾诉，发泄不满，说经理的坏话。

不久公司大裁员，凌金生赫然出现在名单上。自己是业务精英，是不是搞错了？凌金生找老板询问。没错，他的解雇理由是：缺乏团队合作精神。

凌金生不理解，那件事过去半年了，自己跟小王早就和好了，怎么又扯出来大做文章呢？

后来，一个知情的同事告诉他，他在背后说经理坏话的事传到经理耳朵里了，经理怨气难平，自然力主裁掉他。

所谓"隔墙有耳"、"好话不出门，坏话传千里"，聪明人绝不会将"流言"当作茶余饭后的笑料，更不会当众去说别人的坏话。当有人对他们道及第三者坏话时，无论他们是否明白个中原因，都会做到"入耳封存"。这才是智者所为。

有一句话叫作："谁人背后无人说，谁人背后不说人。"这话说得虽然有点绝对，却也揭示了一个事实，即大多数人或多或少都在背后说过别人。不过有一点，经常在背后说别人坏话的人，肯定不会受到欢迎。因为但凡有点头脑的人，都会自然而然地联想到："这次你在我面前说别人的坏话，下次你就有可能在别人面前说我的坏话。"这样一来，说人坏话者在别人心目中的印象又能好到哪去呢？

人际沟通与交往，拂人面子是大忌

有这样一件事，有位文化界女学者，每年都会受邀参加某专业团体的杂志年终评鉴工作，这工作虽然报酬不多，但却是一项难得的荣誉，很多人想参加却找不到门路，也有人只参加一两次，就再也没有机会。问她为何年年有此殊荣，她始终笑而不语，直到届龄退休，不再参加此项工作后才公开其中秘诀。

她说，她的专业眼光并不是关键，她的职位也不是重点，她之所以能够年年被邀请，是因为她很会给人留面子。她说，她在公开的评审会议上一定会把握一个原则：多称赞、鼓励而少批评，但会议结束之后，她会找杂志的编辑人员，私底下告诉他们编辑上存在的缺点。因此虽然杂志有先后名次，但每个人都保住了面子，而也就因为她顾虑到别人的面子，承办该项业务的人员和各杂志的编辑人员，都很尊敬她、喜欢她，当然也就每年找她当评审了。

其实，我们生活中的每一个人，都非常重视自己的面子，为了面子，小则翻脸，大则会闹出人命；如果你是个对面子不在意的人，那么你必定是个不受欢迎的人；如果你是个只顾自己面子、却不顾别人面子的人，那么你肯定有一天要吃暗亏。

所以，大家在待人处世时，一定要注意处理好人与人之间的"面子问题"。我们应该这样做。

1. 要善于择善弃恶

在待人处世中要多夸别人的长处，尽量回避对方的缺点和错误："好汉愿提当年勇"是事实，可又有谁愿意提及自己不光彩的一页呢？特别是如果有人拿这些不光彩问题来做文章，就等于在伤口上撒盐，无论谁都是不能忍受的。

有一位年轻的姑娘长得很胖，吃了不少的减肥药也不见效果，心里很苦恼，也最怕有人说她胖。有一天，她的同事微微对她说："你吃了什么呀，像气儿吹似的，才几天工夫，又胖了一圈儿。"胖姑娘立马恼羞成怒，"我胖碍着你什么了？不吃你，不喝你，真是狗拿耗子，多管闲事！"微微不由闹了个大红脸。在这里，微微明知对方的短处，却还要把话题往上赶，这自然就犯了对方的忌讳，不找麻烦才怪哩。

2. 指出对方的缺点和不足时，要顾及场合，别伤对方的面子

有一个军区艺术团配合拍电影，因故少带了一样装备，致使拍摄无法进行。女团长火了，当着全团人的面批评副团长说："你是怎么搞的，办事这么毛毛躁躁，要是上战场也能装备不齐？"副团长本来就挺难过的，可团长偏偏当着那么多同事、下属的面狠狠批评自己，心里自然觉得大失面子，于是不由分辩道："我没带是有原因的，你也不能不经过调查就乱批评！"团长一下懵了，弄不懂平时服服帖帖的副团长怎么会这样顶撞她。事后，在与副团长谈心交换意见时，副团长说："你当着那么多同事的面批评我，我今后还怎么做工作？"从这个事例中不难发现，假如团长是背后批评，副团长不仅不会发火，还会虚心接受批评。这位女团长错就错在说话没有注意时机和场合。

3.巧给对方留面子

有时候，对方的缺点和错误无法回避，必须直接面对，这时就要采取委婉含蓄的说法，淡化矛盾，以免发生冲突。古时候，吴国有个滑稽才子，名叫孙山。他与乡里某人的儿子一同参加科举考试。考完后，孙山先回到了家，那个同乡的父亲就向孙山打听自己的儿子是否考上了。孙山笑着回答说："解名尽处是孙山，贤郎更在孙山外。"孙山的回答委婉而含蓄，既告诉了结果又没刺到对方的痛处；如果孙山竹筒倒豆子，直告对方落榜，那么对方的反应就可想而知了。可惜的是，在现实的待人处世中，我们周围许多人说话往往太直接，结果好心办了坏事。

此外，在与人交往的过程中，为了"面子上过得去"，我们还必须对对方有一个充分的了解，做到既了解对方的长处，也了解对方的不足。因为每个人都会有自己的个性和习惯，有自己的需求和忌讳，如果你对交际对象的优缺点一无所知，那么交际起来，就会"盲人骑瞎马"，难免踏进"雷区"，引起别人的不快。

有句俗话说得好，"打人不打脸，揭人不揭短"，我们要想与他人友好相处，就要尽量体谅他人，顾及别人的面子。

不良口头禅，瞬间毁掉你的交谈

几乎每个人都有口头禅，就像每个人都有他的习惯动作一样。在不知不觉中，口头禅已经构成个人形象的一部分，甚至是很重要的一部分。语言的风格是个人文化素养的体现，你拥有某种气质的口头禅，也就很容易被人视为属于某种气质的人。所以，我们务必要摒弃不良的口头禅。

一个满口污言秽语，开口便是国骂、乡骂等口头禅的人，自然会让人觉得粗鲁、缺乏教养；而以"有请""谢谢""对不起"等作为口头禅的人，则会让人觉得有礼貌、有修养。一个总是有意无意地把"真没劲"、"真无聊"挂在嘴边的人，给人的印象是疲惫沉闷的；而一个喜欢在说话时插几句"讲老实话"、"我实事求是跟你讲"的人，在别人心目中就会显得诚恳、实在。

说话必须要干净、利落、文雅，这不仅是交际的需要，更是培养个人良好谈话修养的要领。不文雅的口头禅是一种不良的语言习惯，它有损我们的风度，所以必须坚决戒除。大体上说，不良口头禅主要有以下几种：

1. 脏话口头禅

有的人说话时经常使用粗俗、不堪入耳的语言。这种口头禅给人粗野鄙俗、低级下流之感，给人留下极为恶劣的印象，不仅降低了你本人的身份和品位，还会使人反感。

2. 废话口头禅

有的人讲起话来，满口"那个""这个""嗯""啊"，这种口头禅往往把语句肢解得支离破碎，使语言显得拖沓紊乱不流畅。

3. 傲语口头禅

有些人在与人交谈之中，经常使用如"你知道吗"、"我跟你讲"、"我告诉你说"、"你明白吗"等。这些往往只是说话的一种语言习惯，在句子里没有实际意义却反复出现。这种口头禅给人一种自以为是的感觉。

口头禅大多是在无意识中形成的，不良的口头禅能够反映出我们身上某些修养的欠缺，而这种欠缺有的比较明显，有的则从微妙的细节体现出来。出于工作和社交的需要，我们必须经常与人交谈，要想给人留下彬彬有礼、谦逊干练的形象，我们首先要摒弃不良的口头禅。

你可找出平时频率最高的粗话、脏话，集中力量改掉它，并且在每次说话前，都要提醒自己，使说话语气暂时停顿一下，改变原有的条件反射。经过一段时间的实践后，出现频率最高的粗话、脏话改掉了，其他粗话、脏话的克服也就不难了。

同时，你还可以录下自己的讲话，闲暇时常听听，会对自己不良的口头禅引起反感。这样，能促使你以后讲话时保持警惕，逐渐消除不良口头禅。再次，你可以把自己要戒除坏习惯的想法告诉周围的朋友，求得他们的帮助和监督。许多戒除不良习惯者都深刻体会到，别人的帮助和监督十分重要，是防止复发的有效手段。你讲粗话、脏话，已是习惯成自然，往往讲了自己还不在意，如果旁边有人及时加以提醒、监督，将会有利于你抑制和克服讲粗话脏话的不良习惯。

在摒弃不良的口头禅的同时，我们还要"优化"自己的口头禅。具体的做法可以参考以下两个小例子：

有一个男人，他的口头禅非常特别，就是很简单、也很有力度的四个字"问题不大"。平时，每当遇上什么麻烦事、困难的事，他总是说"问题不大"。这句话，一方面表明了他能够正视现实，认识到问题的确存在；另一方面，也表现出一种无所畏惧的强烈的自信心，让别人感觉他总是在俯视这些问题。就是这极具感染力的四个字，让大家在惶乱不安的时候，犹如吃下了一颗定心丸。也是因为这四个字，他成了大家的主心骨。

有个女孩，不知为什么，别人总是不愿意和她交谈、交往，她自己也觉得很苦恼，有种被人摒于圈外的落寞。于是，她去问她最要好的一个朋友。她的朋友琢磨了好久，最后说，也许是你有几句口头禅，正是使他人感到不快而不愿与你交谈的原因。比如每当别人说起某件新闻时，你总会无意识地说"我不相信"，一下子就扫了别人的兴，久而久之，别人也就不愿和你多说话了。女孩自己想想，的确是这样。于是，她开始有意识地养成说另几句口头禅的习惯。比如把"我不相信"改成"这是真的啊！"这样一来，不仅使她的话显得真切，同时还带有一种深深的信赖。对方听到这种天真热情的反应，当然会情不自禁地感到喜悦，慢慢地，有很多人都乐意与她交往、聊天了。

在社交中，要想树立良好的社交形象，展示独特的社交魅力，你一定不要忽视自己的口头禅。如果有不良的口头禅，一定要坚决摒弃，同时还要注意养成良好的口头禅，从而树立自己正面、积极的形象。要知道，有心眼的人，绝对不会让口头禅毁了自己。

交谈中最招人反感的7个坏习惯

在日常生活中，我们如果稍加留意，就会发现许多人在说话中有一些毛病。虽然这些毛病不具有决定意义，但如果不加以注意，就会大大影响我们的谈话效果。

一般人在交谈中，常常容易出现以下几个方面的问题，大家一起去看一下。

1. 用多余的套语

有些人喜欢在交谈中使用太多的或不必要的套语。例如，一些人喜欢什么地方都加上一句"自然啦"或"当然啦"一类词句；另一部分人喜欢加太多的"坦白地说""老实说"一类的套语；也有的人喜欢老问别人"你明白了吗"或"你听清楚了么"；还有的人喜欢说"你说是不是"或"你觉得怎么样"，如此等等。像这一类毛病，你自己可能一点不觉得，要克服这类毛病，最好的办法是请你的朋友时刻提醒你。

2. 羼杂音

有些人谈话技巧本来很好，只是在他的言语之间掺上了许多无意义的杂音。他们的鼻子总是一哼一哼地响着，或者是喉咙里好像老是不畅通似的轻轻地咳着，要不就是在每句话开头用一个拖长的"唉"，像怕人听不清楚他的话似的。这些毛病，只要自己有决心，是可以清除的。

3. 谚语太多

谚语本来是诙谐而有说服力的话，但谚语太多也不好。谚语用得太多，往往会给别人造成油腔滑调、哗众取宠的感觉，不仅无助于增强说服力，反而使听者觉得有累赘感。

谚语只有用在恰当的地方才能使谈话生动有力。在使用谚语时，我们应尽可能使其恰当。

4. 滥用流行的字句

某些流行的字句，也往往会被人不加选择地乱用一番。例如，"元芳，你怎么看"这句话就被滥用了，什么东西都牵强加上"元芳你怎么看"，使人莫名其妙。

5. 特别爱用一个词

有些人不知是因为偷懒，不肯开动脑筋找更恰当的字眼，还是有其他方面的原因，特别喜欢用一个字或词来表达各种各样的意思，不管这个字或词本身是否有那么多的含义。例如，许多人喜欢用"伟大"·这个词。在他们的言谈中，什么东西都伟大起来了。"你真太伟大了"，"这盆花太伟大了"，"今天吃了一餐伟大的午饭"，"这批货物卖了一个伟大的价钱"，等等，给别人一种华而不实的印象。因此，我们要尽可能地多记一些词汇，使自己的表达尽可能准确而又多样化。

6. 太琐碎

有些人在谈话过程中琐碎得令人讨厌。

例如，讲述自己的经历本来是最容易讲得生动、精彩的，很多人也喜欢听别人讲其亲身经历。但是，一些人讲自己经历的时候，一味地不分主次地平铺直叙，觉得自己所经历的，样样都有味道，都有讲一讲的必要，结果反而使听者茫然无绪，索然无味。

讲经历或故事，我们要善于抓重点，善于了解听者的兴趣放在哪一点上，少用对话。在重要的关节上讲得尽可能详细一些。其他地方，用一两句话交代过去就算了。

7. 喜欢用夸张的手法

夸张的手法有一种引人注意的效果。不过，我们不能把夸张的手法用得太过分，否则，别人就不会相信你的话。

在现实生活中，不可能每次都说得是"非常重要"的消息，也不可能每次都讲"最动人的"故事、"最可笑的"笑话，因此，不要到处用"非常""最""极"等字眼，否则，当你在无数的"最"中有一个真正的"最"时，又怎样表示呢？难道你能说"这件事对我是最最重要的"么？如果你真这样说，别人听了也会无动于衷，因为他们认为你是一向喜欢夸大的人。

除了上述七点之外，大家还应该注意自己在谈话中的声调、手势、面部表情等方面，努力使各个方面协调、得体。这样，我们就能大大增强自己说话的吸引力。